JN096843

障害があるからおもろかった

車いすに乗った谷口明広ものがたり

鈴木隆子 著

「夢を実現させるための九カ条」

1 自分のことは自分自身で考えろ
2 好きなことを勉強しろ
3 どんなことでもよいから得意技をもて
4 できるだけ上手に他人を使え
5 自分自身を大好きになれ
6 とてつもない大きな夢をもて
7 ひたすら願え
8 しつこく、しがみつけ
9 感謝しろ

はじめに

「障害があるからおもろかった」

「障害があったから大学教授になれた」

「私の最高のパートナーは障害や」


この本は、２０１６年1月に59歳で急逝した、愛知淑徳大学教授谷口明広さんの伝記です。障害を味方につけて、夢を実現した谷口さんのメッセージとおもろいエピソードが詰まっています。

谷口さんは、重症黄疸による脳性まひで、車いすの介助生活になりましたが、夢に向かって前向きに生きるその姿勢とユーモアあふれる話で人気爆発、全国から講演に呼ばれました。全国45都道府県に出向いて、多い時には年間３００回の講演活動を行ったそうです。谷口さんの講演を聞いた人は「夢に向かって歩いていこう」と勇気づけられました。

どうやって、夢を叶えたのだろう。

どうして、こんなに面白くて、目からウロコの話ができるようになったのだろう。

全国を回ってどんな話をしていたのだろう。

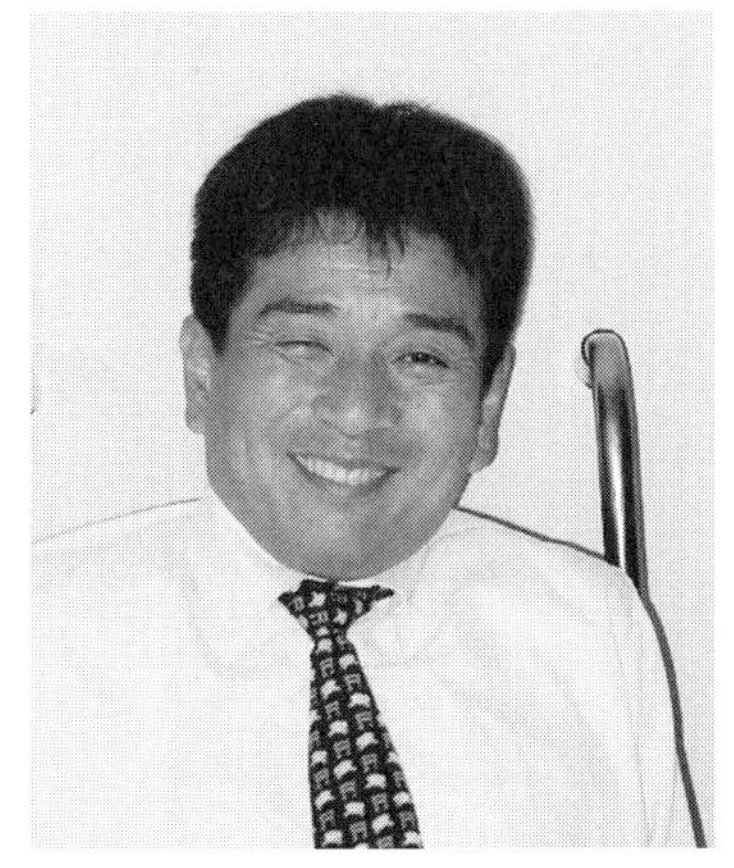

私は、その答えが知りたくて谷口さんの伝記を書くことにしたのです。

「谷口さんの伝記を書こうと決心してから6年、ようやく完成しました」という私の報告に、谷口さんは「え、鈴木さんが私の伝記を書いたんですか？」と驚いていることでしょうね。

谷口さんと私

谷口さんは、私が理事長を務めていた社会福祉法人すてっぷの理事でした。出会いは1992年に大阪で開かれた、「とっておきの芸術祭」です。パネラーとして登壇した車いすの谷口さんのお話は、まさに「目からウロコ」でした。

「皆さんステーキは好きですか？　私も大好きです。でも牛は飼っていません。いくらステーキが好きでも自分で牛を飼っている人いませんよね。誰でも自分でできないことは他の人にやってもらって生活しているのです。自立というのは身の回りのことが一人でできるようになることだと考えて、それを目標に障害のある人に頑張ってリハビリをするようすすめていませんか。自分でできないことはヘルパーさんにやってもらって、自分はやりたいことを選んで、決めて、その責任をとることが自立なのです。ですから、服が着られないなら、何を着るかは自分で決めて、ヘルパーさんに着せてもらえばよいのです。彼女ができないと愚痴をこぼしている障害のある人へ、私はこういったことがありました。『障害があるから彼女ができないのではありません。あなたの服、似合っていませんよ。自分で選んだのですか？』

自立とは自己選択、自己決定です。自分にできないことを人に頼めるようになることが自立の第一歩なのです。頑張って自分ですべてやろうなんて思わなくていいんですよ」

そこには、これまでに聞いた障害福祉の講演とは全く違う視点があり、しかも、話が面白いのです。感動した私とスタッフは「群馬の仲間にも聞かせたい」と谷口さんから名刺をいただき、その年、群馬県で講演会を開催しました。これが谷口さんとのご縁の始まりでした。

谷口さんと出会った時、私はノーマライゼイションをめざしてレスパイトサービスなど国の福祉制度にはない福祉サービスを提供する「オープンハウスすてっぷ」を群馬県群馬郡群馬町（現在は高崎市）に開設して3年目でした。難病で障害のある子どもを4歳で亡くしたことがきっかけでした。障害福祉の専門教育を受けていない私は、関係団体の機関誌や新聞に載った先進事例や面白い研修会を見つけては全国どこにでも出かけて行きました。そして学んだことを、すてっぷの活動に積極的に取り入れていったのです。

障害福祉に関する私の師匠となった谷口さんには、その後も東京での仕事のついでに群馬まで来ていただき、講演会や研修会を開催していただきました。そして、１９９９年にすてっぷが社会福祉法人になった時に理事に就任

1993年「すてっぷノーマライゼィションを語る会」で講演する谷口さん

していただいたのです。

社会福祉法人になり、施設長と常務理事という立場になった私にとって、谷口さんはいつでも相談できる心強い存在でした。「理事なのに、遠くて何もできなくてごめんなさい」とおっしゃって、京都から年に数回理事会へ出席してくださる時には、必ずその前後にスタッフや障害のある利用者・家族向けの研修会を開いてくださいました。

障害のある人やその家族に向けて「障害があってなんで悪いのですか、キラキラ光る人になってください。夢を持って、自分の夢をかなえてください」「お母さん、子どもの自立を応援してくださいね」と自分の体験をもとにした、たいへん説得力のある話をしてくださいました。施設のスタッフには、障害のある人が夢を叶えるために、どうしたら必要な環境を作ることができるのかを教えてくださいました。そして、「支援者も障害をもつ人と同じように夢をもって生きていかなければいけない。夢のある、楽しい支援計画を作ってください」とエールを送ってくださったのです。谷口さんにしか伝えられない話を、ユーモアに包んで届けてくださいました。当事者と研究者という二つの立場に立つ谷口さんだからこそ話せる内容で、誰にもまねのできないものでした。「面白かった」「ためになった」「目からウロコだった」「また話を聞きたい」と講演を聞いた人たちは谷口さんが来るのを心待ちにしていました。

２０１６年１月24日、谷口さん急逝の知らせを受けた私の心には、ぽっかりと大きな穴が開いてしまいました。メールで相談しても、もうお返事は返ってこないのです。出会いから24年、二人とも無名の存在から、「すてっぷ」は13の事業を展開する社会福祉法人となり、谷口さんは全国各地から講演や研修依頼が殺到する愛知淑徳大学の教授になりました。「措置制度から当事者主体の支援費制度、自立支援法へと障害福祉制度が大きく変わった、激動の時代」を歩んできた同志としての、谷口さんの存在の大きさに改めて気づかされたのです。

谷口さんのお通夜と告別式には、急な連絡にもかかわらず、全国から５００人もの方が集まりました。そこで聞いた、谷口さんの一番弟子と言われる武田さんが読み上げた弔辞（１７８ページ参照）に衝撃を受けました。こんな面白い弔辞は初めてでした。これを聞いて私は谷口さんの人生をもっと知りたいと思ったのです。そして、谷口さんのメッセージを集めた伝記を書こう、生きた証を残したいと決心したのです。

２０１８年4月、私は施設長を退任したのを機に、国際医療福祉大学大学院に入学しました。医療福祉ジャーナリズム分野の大熊由紀子教授に師事し、課題研究論文として伝記執筆に取り組みました。谷口さんの講演録をもとに、谷口さんと二人三脚で全国を歩き、共に研究を進めてきた自立生活問題研究所の主任研究員である武田康晴さんや、介助者として15年間谷口さんを支えた研究助手の岡本卓也さんにご協力をいただき、谷口さんとご縁の深かった全国のみなさま42人と、アメリカ在住の４人にインタビューをさせていただきました。

そして、２０２０年４月、谷口さんの足跡とエピソードをまとめた伝記をご家族に届けることができたのです。

谷口さんが障害のある人に向けて書いた「夢を実現させるための九カ条」は自分自身の生きる指針であり、すべての人に向けてのエールでもありました。

障害があるからと、遠い山の中の施設で一生暮らさなければならない人がいます。

障害があって働けないから生きる価値がないと言われる人がいます。
障害があるから自分は何もできないと思っている人がいます。
それを「当たり前」と思う人たちや社会を変えることが、谷口さんの大きな夢だったのではないでしょうか。

この伝記を、全国の障害のある人たちや障害のある子どもを抱えて立ちすくんでいるお母さんたち、そのご家族に読んでいただきたい。さらに、障害福祉の支援者や学校の先生に読んでいただきたいと思いました。

障害とともに生き、「社会を変えたい」と生きた谷口さんの、59年間の足跡とそのメッセージを可能な限り集めました。谷口さんの講演を聞いた人たちが「夢に向かって歩んでいこう」と勇気づけられたように、この本を読んだ人たちが、元気になったり、夢を描いたり、クスッと笑ったりして、一歩前へと踏み出すことができたなら、たいへん嬉しく思います。

いろいろな障害や生きづらさのある人たちが、それぞれの地域で夢をもって暮らせるようになることを、谷口さんと一緒に願っています。

2023年1月

鈴木　隆子

もくじ

※年齢、所属は取材当時（２０１９年）のものです。

第1章

生い立ち

1 誕生

赤ちゃんじゃなくて黄色ちゃん

1956（昭和31）年5月10日、京都市四条御前の酒屋に元気な男の子が生まれました。谷口家の長男・谷口明広さんです。両親はもとより同居していた祖母も跡継ぎができたと大変な喜びようでした。

生まれて1週間すると黄疸が始まりました。普通は1週間程度で治まることが多いのですが、涙や汗も黄色になるほどの重度の黄疸が、約1か月も続きました。谷口さんはこの時に障害をもつことになったのですが、当時は誰も気がつきませんでした。

谷口さんは7か月になっても、首が座りませんでした。ほかの子どもと何かが違うと気づいた両親は、あちこちの小児科の病院を回りましたが、「運動神経の発達が遅れているだけなので、マッサージをしてください」と言われ、毎日マッサージを続けていました。

谷口さんが1歳になった頃、小児科医のすすめで母親のきよさんは、整形外科を受診しました。診察室に入ったとたん、先生から「この子は脳性

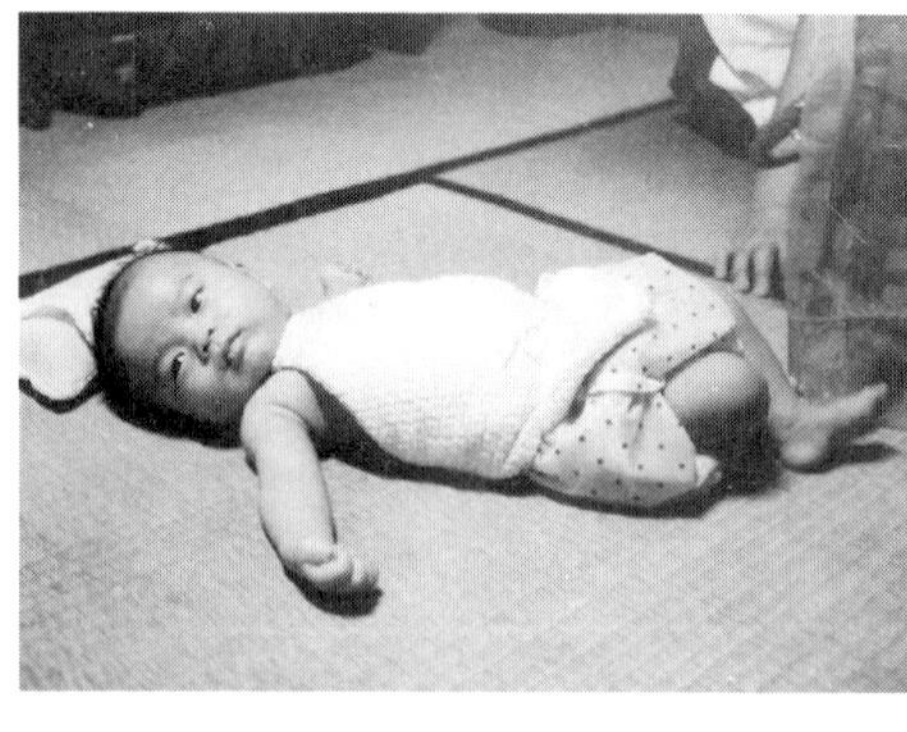

生後3、4か月の頃、足がクロスし、手を握っており、手足に緊張があります。今見ると障害をもっていることがわかります。

まひですね」という診断が告げられました。あの1か月も続いた黄疸が原因でした。戸惑うきよさんに、先生は「この子は歩けません。しゃべれません。ものも考えられません。10歳までに死にます」と伝えたのです。わが子が障害をもっているという宣告を受け、きよさんは「この子はもうしゃべっているのに、どうして先生はしゃべれないと言うのだろう。この子はいったい、どうなるのだろう」と激しいショックを受けて家に帰りました。

家に帰って祖母にそのことを話すと、突然、祖母の態度が変わりました。「うちの家系には、こんな子が生まれるはずはない。お前の家系だろう」ときよさんを責めたのです。しかし、きよさんも気が強かったので「私の家系にも、こんな子ができるはずはありません」と言い返し、その後はずっと言い争いの日々が続きました。

祖母は「絶対に外に出してはいけない、人目に触れさせてはいけない」と言い、谷口さんを歩行器に乗せて、奥の部屋に閉じ込めました。祖母はいつも酒屋の店番をしており、奥の部屋から出てくる谷口さんを見つけると、歩行器ごと担いで連れ戻したのです。

後年の講演会で、谷口さんは「表にロバのパン屋さんが来ると、外に出たくて玄関に向かって歩行器で移動していくのですが、酒瓶に歩行器がぶつかりガチャガチャドタンと音がするので、すぐにおばあちゃんに気づか

4歳違いで弟のさとるさんが生まれました

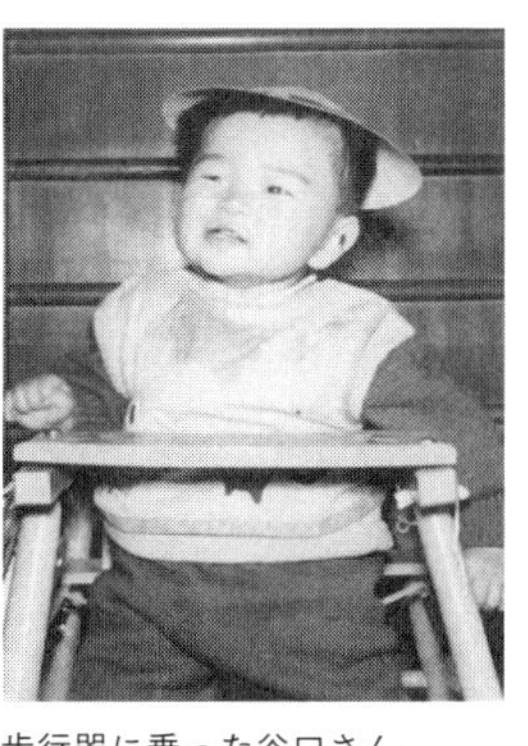
歩行器に乗った谷口さん

れてしまいました。外に出たいのに、途中で見つかって連れ戻されることの繰り返しでした。本当に外に行きたかった」と語っていました。きよさんは、こんな子だからこそ、外に出さなければならないと思っていましたが、やはり祖母には従わざるを得ず、谷口さんは外に出られない生活を余儀なくされたのです。

遊び相手がいなくてはかわいそうという両親の思いもあって、4歳違いの弟が生まれました。きよさんは、障害があっても谷口さんを「お兄ちゃん、お兄ちゃん」と呼んで、兄として育てました。兄弟喧嘩の時も、兄である谷口さんがきよさんに叱られ、殴り飛ばされて終わりになるのが常でした。

何でもしたがる積極的な性格の谷口さんに対して、弟の理さんは、体格はよいけれど口数の少ない、谷口さんと正反対の性格でした。

エピソード●「押入れ」 谷口きよさん

明広は、頑固というか、納得しないと言うことを聞かない「きかない子ども」でした。叱りつけても、泣いて許しを請うということは、一度もありませんでした。

ある時、あまり言うことを聞かないので、押入れの中に入れて放っておいたところ、しばらくしておとなしくなりました。眠ってしまったのかなと思って戸を開けてみると、明広がキッと、こちらを睨んでいたのです。子どもにとっては真っ暗で怖いはずなのに、私は驚いて、こちらの方が怖くなってしまいました。

脛に7つの傷をもつ男

谷口さんは5歳になっても一人で歩けませんでした。そこで、足の手術を受けるため入院することになりました。当時は、脳性まひの子どもに対して、変形した足を矯正して固定する手術が行われ、手術をした後にリハビリをするのです。「歩けるようにならないと学校に行けない」と、両親は手術を受けさせることを決断しました。5歳の谷口さんは手術に定評のあった石川県の病院に、1年半もの間、一人で入院することになったのです。そして、7回に分けて13か所、およそ100針縫う手術を受けました。

手術の時、付き添いで病院に泊まったきよさんは、当時を振り返って「手術の後、痛いというだけで絶対泣かないんだよ。明広は強い子だった」と感心していました。また、石川県には母方の祖母が住んでいて、1週間に1回は必ず面会に来てくれたのです。谷口さんにとっては、その時に持ってきてくれる日の丸弁当を食べるのが入院生活で唯一の楽しみでした。大人になっても忘れられない味だったそうです。

2 学校に行けた――大阪府立堺養護学校に入学

谷口さんは入院して手術を受けましたが、結局、歩けるようにはなりませんでした。そこで、1年遅れで入学できる小学校を探すことになりました。しかし、その当時はまだ、養護学校教育の義務制（1979年開始）が始まる前でした。障害があって地域の小学校に受け入れてもらえない子どもは、就学猶予と言って家で過ごすしかありませんでした。「みんなと同じように小学校に通わせたい」ときよさんは、京都市伏見区にある呉竹養護学校（現、特別支援学校）に相談に行きました。しかし、「こんな重い障害の子は入れられません」と断られてしまいました。次に、滋賀県の重症心身障害児施設びわこ学園を見つけて、相談に行ったところ、今度は「こんな軽い障害の子は入れられません」と言われて、両親は途方にくれました。

しかしその後、重度の身体障害があっても入学できる、大阪府の堺養護学校を見つけて入学試験を受けたところ、谷口さんは合格し、やっとのことで、小学校へ通うことができるようになったのです。きよさんは「入学試験を受けて合格通知が来たときは、本当にうれしかった。今までで一番うれしい出来事でした。あの子も、ものすごくうれしかったと思います」と語っていました。

そして1964（昭和39）年4月、一家は大阪に引っ越し、谷口さんは堺養護学校（現・支援学校）の小学部に入学しました。

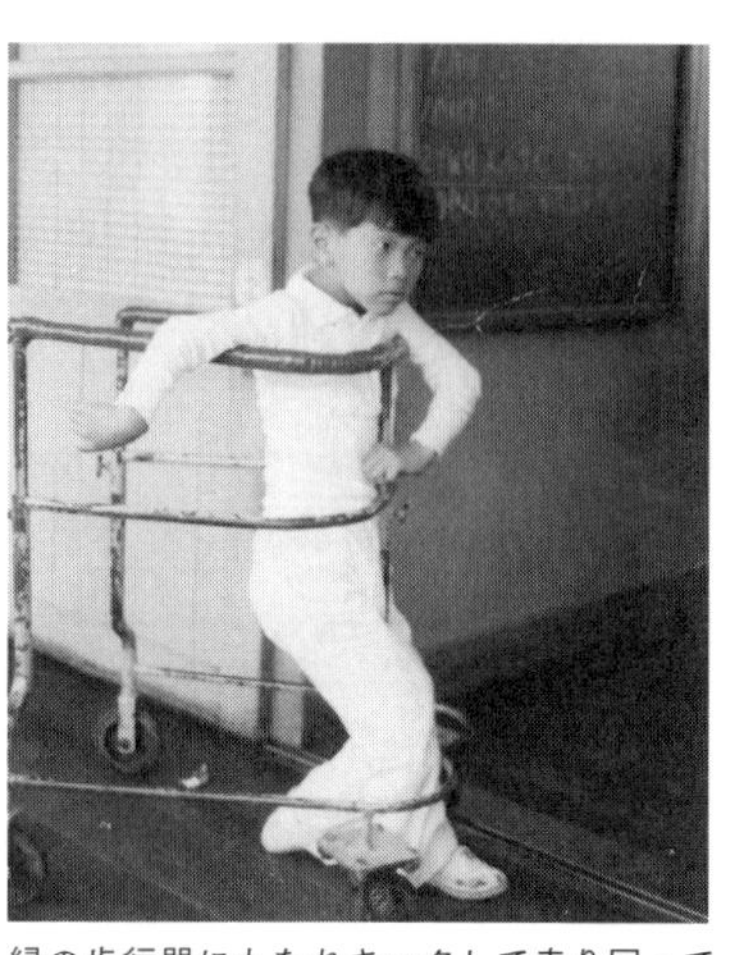
緑の歩行器にもたれキックして走り回っていました

小学部に入った谷口さんは、持ち前の明るい性格で何にでも積極的に取り組みました。先生にもかわいがられ、友達と一緒に楽しい学校生活を送ったのです。

1クラスは10人～15人で、1学年は3クラスでした。クラスメイトは同じ障害をもつ仲間として、お互いわかり合える大切な存在でした。何でも言い合い、本気で喧嘩ができる仲間で、親兄弟を超えた関係でした。

谷口さんは、一人では歩けないので、校内を歩行器を使って移動していましたが、今の歩行器と違って不安定な構造のため、他の人にぶつかって怪我をさせてしまったことがありました。また、学校の渡り廊下の下り坂で、前のめりに転んで、脳しんとうを起こしたことが何回もありました。大人になっても、この歩行器で倒れる夢を見て、飛び起きることが何度もあったほどの怖い体験だったそうです。

自分一人で食べられるように

谷口さんが、障害をもつ子の親向けの講演でよく話していたエピソードがあります。

きよさんは、養護学校の入学式から帰った後、谷口さんの食事介助を止めてしまいました。夕食を前にしたきよさんは「小学生なんだから一人で食べなさい」と言ったきり、自分は食べ始めてしまいました。谷口さんは「鬼のような母だ」と思ったそうです。「うんこやおしっこは垂れ流していても死なないけれど、自分で物が食べられなければ死んでしまう」と、きよさんは決心したのでした。

その甲斐あって、谷口さんは養護学校の小学部を卒業する頃には一本の箸を口で操り、焼き魚などもほぐして食べられるくらいになっていました。その後は、レストランで食事をする際にも、他人に違和感を与えることなく食事を済ませるほどになりました。

一人暮らしを始めた頃、友人との鍋パーティー。口に箸をくわえて食べやすいように、取り分けていました。左から谷口さん、種村さん、太田黒さん

車いすかリハビリか究極の選択

谷口さんは、小学校1年生の時から歩く訓練をしていました。訓練の先生は「10メートル歩けるようになりましょう」と言い続け、まるで洗脳されているようだったと、谷口さんは話しています。訓練をがんばった結果、谷口さんは5年生になると、30メートルくらいなら杖一本をついて、歩けるようになりました。周りの人たちはとても喜んで、母親は涙を流して「よかったね」と言ってくれました。

父親は喜んでいないのかと思ったら、翌朝、谷口さんは杖を見て驚きました。杖が父親によって、彫刻刀で彫り物がほどこされて、まるでトーテムポールのようになっていたのです。谷口さんは「父もこんなに嬉しかったんだ」と思いました。

それからは、周りの人たちが喜ぶので、谷口さんはどんどん歩くようになりました。すると、6か月も経たないうちに、両足とも肉離れを起こしてしまったのです。無理して歩いたからでした。

治療のため寝たきりが1か月間続きました。身体に障害のある人が、1か月も寝たきりでいると、身体の機能は5年以上前に戻ってしまいます。肉離れが治った頃には、もう「歩ける」谷口さんではありませんでした。ここで、谷口さんは究極の選択を迫られました。「歩くのをあきらめて車いすの生活になるか」「歩けるようにもう一度リハビリをがんばるか」のどちらかを、選ばなくてはならなかったのです。今度は身体も成長しているので、5年ぐらいで歩けるようになるとは思えません。歩けるようになるまでには10年ぐらいかかるかもしれません。谷口さんは悩みました。

今の時代なら、100パーセント車いすを選んだと思います。なぜなら、今は車いすでどこにでも行けるからです。しかし、35年ぐらい前は、車いすに乗るということは、一歩も外へ出られず家の中に閉じこもるということを意味していたのです。簡単に「車いすを選びます」とは言いにくい状況でした。谷口さんは1週間ぐらい考えました。

内心は、2日ぐらいで「リハビリはしんどいからもう車いすでもいい」と納得したのですが、「あんなに喜んでくれたお母さんやお父さん、先生たちがもう1回がんばれと言うやろな。お母さんは苦しむやろなあ。悲しむやろなぁ」と思うと、なかなか言い出せませんでした。1週間後にようやく決心して、きよさんに「車いすの生活をしようと思うねん」と伝えると、思いもよらない返事が返ってきました。

「あんたも、そう思うたか。私も、同じこと思ってたんや」それを聞いた谷口さんは、がっくりして「なんでやろう？」と思いました。すると「だって、お前の歩く姿、格好悪かったもん。片方の手は杖をついて、もう片方の手は上げて、膝を曲げて、倒れそうになりながら歩いている。あれではモテへんで。お前は歩くことを考えるよりも、もっと格好いい車いすに乗って、かわいい女の子に車いす押してもらってたほうが、幸せと違うか」ときよさんは言ったのです。

グレートマザー

谷口さんは車いすの人生を選択したことについて、講演会などでこう話していました。「母親が、本来の自立の意味を教えてくれたのです。こういう母親に育てられて、本当に幸せだと思いました。あの時に、もう1回がんばりなさいと、無理やりリハビリをさせられていたら、私は、今ごろ施設に入っていたかもしれません。お前かっこ悪かったで、もっと視点を変えて、新しい人生を送ったらどうやと言ってくれたお袋には、いまだに感謝しています」

きよさんは身長が155センチくらいしかないのに、体重は80キロありました。谷口さんはきよさんのことをいろいろな意味を込めて「グレートマザー」と呼んでいました。「本当にあのグレートなお母さんが、自立の本来の意味を教えてくれたような気がします。私の母親は教養もありませんし、専門的な勉強をしたわけでもありません。でも、『そういう生き方をした方がいいんじゃないの、障害のことをあまりくよくよ思っていてもしょうがないんじゃないの』と言ったのです」

コラム●「障害者だけど負けたらあかん」　谷口きよさん

明広は普通の子と違って、歩けない子だったけれど、世話が大変だとか思ったことはなかったです。若かったから苦労とも思わなかった。トイレと風呂は手伝ったけれど、食事は小学校に入ると一人で食べるようになって、あれにはびっくりさせられました。魚でも何でもきれいに食べました。

主人の母に外に出るのを止められていたので、内気な子になるかと思ったら、そんなことはありませんでした。どんどん外に出ていって、しゃべることが好きになっていきました。弟とは正反対で、喧嘩でも負けませんでした。勝気な性格で、私が負けず嫌いですから「障害者だけど負けたらあかん」と仕込みました。

大変だったのは10回以上引っ越しをしたことです。夫の仕事の関係

赤い服が大好きなお母さん
遠くから見るとポストのようだった。
大学院修了の頃

で、こちらの加賀温泉（石川県）に引っ越してからは、明広を同志社大学（京都市）まで毎日、高速道路を使って送り迎えしていましたが、苦になりませんでした。そして、講義の間は車の中で待っていました。

明広はなんでもやってみようという性格ですから、アメリカ研修（「愛の輪運動基金」）も一期生で応募しました。人の前で話すのが好きで、ＮＨＫの「青年の主張」にもずっと出ていました。

あと20年は生きていて欲しかった。愛知淑徳大学からの帰りには、必ず電話をかけてきてね、私に「死んだらあかんよ」って言っていたのに。

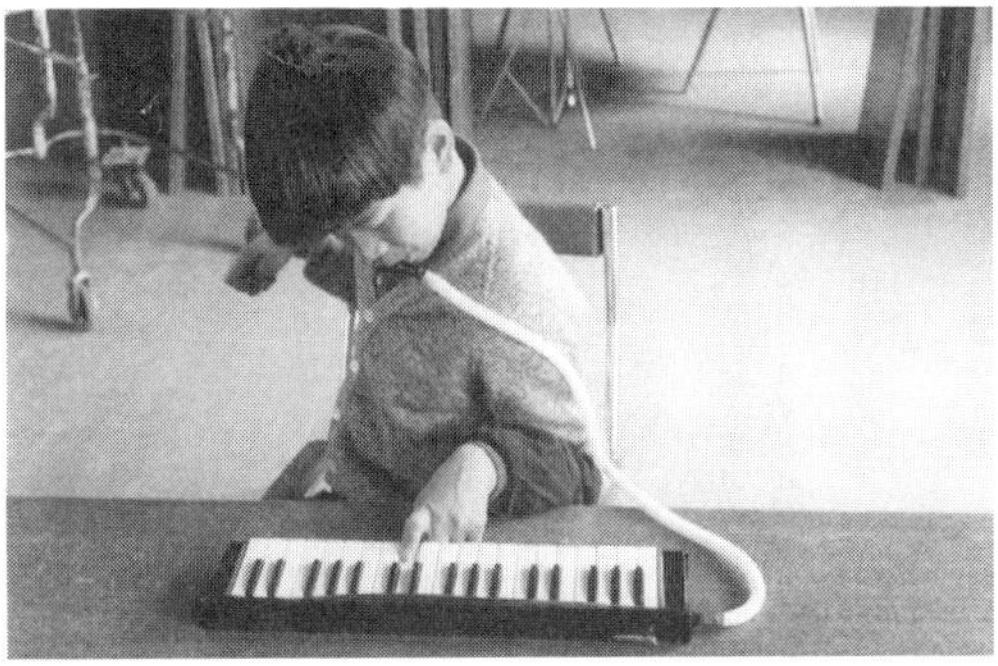

音楽の授業ピアニカを指一本で上手に弾いていました

今では考えられないことですが、谷口さんは小学部の時、言語障害が重かったため、言語訓練を受けていました。週1回、言語教室に行くと言語療法士（現、言語聴覚士）さんがガムを口に入れてくれて、舌の使い方をトレーニングしました。谷口さんにとってはお菓子が食べられる楽しい時間でした。

そんな、谷口さんを人前でも話せるようにしてくれたのが、小学部高学年の時の担任だった三木先生です。先生は生徒会の会長選挙に立候補するようにと指導をしました。谷口さんは、人前で話すことがどんどん好きになり、高校生になると「青年の主張」にも出場するほどになったのです。三木先生は、将来の谷口さんのさまざまな出会いに繋がる「話す力」を育ててくれた、恩師の一人でした。

エピソード●「笑い話1」 太田黒重雄さん

小学校6年の時、隣同士に座っていました。授業中のこと、原因は覚えていませんが、二人で口喧嘩を始め、授業そっちのけの大喧嘩になったことがあります。それで先生に叱られて校庭に放り出されたのですが、「お前のせいで放り出されたやないか」などとお互いを責め続けて、まったく反省の色なしでした。ついに先生は、呆れ笑いしながらコップに2杯水を入れてきて、二人の頭に水をかけたのです。しかし、それでも言い争いは延々と続いたのです。このお互いの負けん気の強さは、後々まで同級生の笑いのネタになりました。

3 修学旅行は母に背負われ東京へ

――堺養護学校中学部時代

1970(昭和45)年に小学部を卒業すると、谷口さんたちは、そのまま中学部に進学しました。中学部3年の時には、東京への修学旅行がありましたが、それは大変な旅行でした。

車いすに乗っている生徒たちは、父母に背負われて参加したのです。中学3年生と言えば一番恥ずかしさを感じる年頃なのに、母親に背負われて、国会議事堂や東京タワーに行くわけですから、谷口さんは格好悪くて嫌になりました。しかし、これしか方法がなかったので仕方がありませんでし

母に背負われて東京へ修学旅行(中央が谷口さん親子)

た。現在では考えられないことですが、新幹線には車いすは載せてもらえなかったのです。谷口さんは「自分の足代わりとも言える車いすを、邪魔物扱いされたという事実は、私を福祉という道に進ませる、大きな出来事になりました」と後に述べています。

バリアフリーとか障害者差別禁止いう考えもない時代に、他の中学校と同じように東京への修学旅行に行けたのは、堺養護学校の先生たちの熱意と、家族の協力があったからでした。

中学部から高等部に進学する時に、数名の学友は、「養護学校にいたら大学にはいけない」と言って、一般の学校に転校していきました。しかし、谷口さんは障害が重いという現実があったので、そのまま堺養護学校の高等部に進学したのです。

4 大学進学をめざして特別講義
——堺養護学校高等部時代

当時、堺養護学校の高等部は、「養護学校の東大」と呼ばれていたそうです。新設して間もない学校で、身体に障害はあるけれど優秀な人たちが集まっていました。同級生の中には大学に進学し、市役所や銀行に就職した人もいます。谷口さんの学年はクラスの15人中6人が進学した、一番進学率の高い学年でした。

高等部3年になると、卒業後の進路を「進学」「就職」「福祉施設入所」「在宅」の中から選ぶ必要がありました。谷口さんは「養護学校からでも大学に行けること」を自分でも証明しようと思い、大学進学を希望しました。担任の野嵜勝先生は、身体に障害があっても、できるなら勉強しておいた方がよい、と考えていた人で、大学受験希望者を集めて特別講義を開いてくれました。野嵜先生は、自分自身も左足が不自由で、後に谷口さんの恩師となる同志社大学の大塚達雄教授の教え子でした。野嵜先生も谷口さんにとって、人生の羅針盤となった恩師の一人です。

谷口さんは当初、父親が「座っていてもできる仕事」ということで強くすすめた弁護士になろうと思っていました。しかし、試しに判例集を読んでみると難しくてわからないので、進学先を社会福祉学科に変更しました。谷口さんには「自分のためになる勉強をしてみよう」という打算的な気持ちもあったそうです。

しかし、受験できる大学を探してみると、障害のある受験生のために「合理的配慮」をしてくれる大学はわずかでした。社会福祉を勉強することができて、電動カナタイプライターでの筆記と、試験時間の延長を認めてくれる大学は、関西には桃山学院大学と同志社大学の2校しかありませんでした。同志社大学への受験が可能になったのは、野嵜先生が同志社大学時代の恩師である大塚達雄教授に、谷口さんのことを相談してくれたからです。しかし、同志社大学には、学力不足で不合格になってしまいました。そして、合格した桃山学院大学の社会学部に入学することになったのです。

高校3年生、音楽の授業最前列向かって左が太田黒さん、2列目左から2番目が谷口さん

特別講義のおかげで谷口さんたちの大学進学は実現しました。野嵜先生をはじめ、特別講義を担当してくれ

た先生たちには、受講者全員が心から感謝していました。

コラム●「養護学校の生徒たち」　野嵜勝先生

谷口君や太田黒君は、高校時代からよくしゃべる生徒で、勉強にも積極的でした。何かあるとやって来て「そんなことわかるか」「なんでわからんのか」「わからんたい」とやり合ったのを覚えています。みんな気持ちのよい生徒で、すねたところはまったくありませんでした。当時の堺養護学校には、そんな子が多かったのです。

障害があるからと、ひっそりやっているような暗い感じがなく、みんな元気だったのは、ご家族が明るかったからかもしれません。谷口君にしろ、太田黒君にしろ、お母さんがたいへん一生懸命やっていらっしゃったことが印象に残っています。

野嵜勝先生
2019年6月堺市にて

エピソード●「谷口君のこと」　吉田幾俊さん

高等部に入り、初めての倫理社会のテストで、僕たちは先生の引っ掛け問題の罠にはまり、正しく回答できず悔しい思いをしました。設問に「記号で答えよ」という指示がないので、記号ではなく全文を書かなければならなかったのです。これは恒例のことらしく、彼は先輩から事前に情報を得ていて、自分だけが、選択肢の全文を書いて正解し、いたずらっぽく得意気に嬉しがっていたのをよく覚えています。そんな彼の行動力に感心したものです。

谷口君は、人気と人望があって生徒会長として活躍していました。とにかく、あの頃からすごく弁舌が達者で、目立つ存在だったのです。仲間内では「将来、きっと政治家に」とささやかれていました。

左から太田黒さん、吉田さん、谷口さん

5 大学進学の先駆者——桃山学院大学時代

障害のある人たちの中だけで育ってきた谷口さんにとって、大学受験は初めて体験した「差別」でした。しかし、養護学校という障害のある人だけの世界から、大学という障害のない人が中心の社会に飛び込んだ谷口さんには、新たな「差別」が待ち受けていたのです。

大学入学（1976年）

入学した桃山学院大学では、初めて重い障害をもつ人が来るからと、スロープや階段昇降機を設置してくれました。しかし、それ以外の介助は「自分で声をかけて介助してもらいなさい」と言われたのです。そのため、これまでと同じように、きよさんが学校に待機して谷口さんの世話をすることになりました。階段昇降機が設置される前の、1年生の夏休み頃まではきよさんが谷口さんを背負って、階段を上がっていたそうです。親のがんばりなしには、介助が必要な子どもの進学は、不可能な時代でした。

コラム●二人は先駆者

堺養護学校から、谷口さんと同じ、桃山学院大学に進学した太田黒さんは、「奏楽部に入って、足でドラムを叩いていました。部員は40人くらいで、体格のよい人に介護を頼んでいたのです。

写真は車山高原へ行った時のもので、車いすを仲間4人で押してくれました。優しい友人が多く、障害者は少なかったので、みんなが仲間意識で手伝ってくれました。

養護学校出身の大学生として、谷口は勉強の先駆者、私は部活の先駆者だったと思います」と語っていました。二人はタイプライターで大学入学試験を受けた、先駆者でもありました。

大学の同級生と車山高原にて
谷口さん、吉田さん、太田黒さん

最初は怖かった

谷口さんはずっと養護学校に通っていたので、障害のない人と交流をもったことは、ありませんでした。そのため、大学に入学したばかりの頃は、障害のない人にどう接してよいか、わかりませんでした。

ある日、そんな谷口さんに声をかけてきた学生がいて仲よくなりました。その学生は「最初に谷口さんを見たとき、怖かった」と打ち明けたのです。実は谷口さんも怖かったのです。なぜなら「障害のない人とは喧嘩しても負けるし、何をやっても勝てない」と思っていたからでした。

お互いに怖かったのだ、とわかって、それから谷口さんは自分からいろんな人に、話しかけるようになりました。写真に写っているのは友人たちです。「よく勉強のノートを貸してあげました。本当に仲よくしてくれました。大学で一緒に学び、激論し、遊びに興じた友達はかけがえのない宝物です。大学に入って本当によかった」と谷口さんは話していました。

就職の厚い壁

4回生になると、友人たちが次々と就職を決めていきました。そんな中で、谷口さんだけは就職が決まらず、取り残されてしまったのです。

障害者対象の求人が来ると、谷口さんは入社試験を受けようと電話をかけました。すると、必ず「障害は5級ですか」と聞かれました。そこで「いいえ、1級です」と答えると「さようなら」と電話を切られ、門前払いされてしまうのです。ここにも、やはり障害が厚い壁として、立ちはだかっていました。

3回生、4回生のゼミ担当教授だった、大利一雄先生に相談したところ「世間は、今の谷口君を必要としていないんだよ。だから就職がない。君はもっと努力をしなければならない。今までは、何もないままで生きてきた。もっと勉強しなさい」と大学院への進学をすすめました。

そこで谷口さんは「施設へ入るのは嫌だし、在宅も選べない」と大利先生の言葉に従って、大学院への進学を決めたのです。

6 差別をチャンスに——同志社大学大学院時代

大学院への道

しかし、大学院への進学は決して簡単ではありませんでした。卒業後の就職が期待できず、重度の障害のある谷口さんを受け入れる大学院がなかったのです。大利先生は、関西圏の福祉系大学の先生たちを回って、谷口さんのことを相談してくれました。その中で唯一、大学院への受け入れを認めてくれたのが、大学入試の時にお世話になった、同志社大学の大塚達雄教授でした。大利先生は、それまで大塚教授との面識はありませんでしたが、谷口さんのことを話すと「彼のことはよく覚えている。勉強したいという気持ちを大切にしたい。就職のことは後で考えればいいのだから、とにかく、受験させてみてください」という返事だったのです。

こうして、谷口さんは同志社大学大学院を受験できることになりました。しかし、入学試験を受けた結果は、またもや不合格でした。英語の力が足りなかったのです。大学院生になる夢が、はかなく消えようとしていた時、大塚先生が「私の元で、聴講生として勉強を続けてみませんか」と声をかけてくれました。そして苦手の英語も、大学院の先輩に教えてもらえることになったのです。

大利先生は受験に失敗して落ち込んでいる谷口さんに「あなたの友人は企業で1日8時間も働いているのだから、谷口君も8時間くらいは勉強すべきだ」と強い口調で諭しました。そして、それからの1年、谷口さんは聴講生になり、大学院浪人として英語の勉強に励んだのです。

その間には大きな葛藤もありました。小学校から大学までの16年間、通学を支えてくれたのは母親でしたが、「そんな状態を、さらに2年も続けさせてしまって、よいものだろうか」と谷口さんは悩みました。しかし「他に生きていく道が見つからない。母さんが長年にわたって続けてくれた努力に、報いるためには大学院合格が必要だ」と心に誓い、勉強することにしたのです。

舌でめくった英語の辞書

手が不自由な谷口さんにとって、英和辞典の薄い紙をめくるのは大変なことでした。手で薄い紙を持つと破れてしまうので、舌を使って一枚ずつめくっていくのですが、時間が経つと薄い紙が唾液を含み、手前の部分だけが倍の厚さになっていました。谷口さんは、その辞書を「僕の宝物です」と言って、ずっと大事にしていました。

谷口さんは本当によく勉強しました。そして翌年、大学院の入学試験に合格することができました。就職での差別をチャンスに変えて、新たな人生への一歩を踏み出したのです。

出会いは人にパワーを与える——恩師大塚達雄先生

１９８１年（昭和56年）４月、谷口さんは同志社大学大学院文学研究科社会福祉学専攻博士前期課程に入学することができました。そうして、念願だった大塚先生のもとで学べることになったのです。

本格的に社会福祉学を学んで、大塚先生が、どれほど著名で偉大な方かを知りました。先生は同志社人として、「どのような人に対しても潜在能力と可能性を信じて、機会を奪い、消滅させるようなことは、決してしてはならない」と常に思い、行動されていました。

大塚達雄教授

大塚先生との出会いが谷口さんを研究者としての道へ導いてくれたのです。谷口さんの好きな「出会いは人にパワーを与える」の言葉どおり、大塚先生は谷口さんに勇気と力をくださった一番の恩師です。谷口さんは、大学院（修士・博士）での生活を6年間続け、大塚先生の思想を10年近くにわたって学びました。

谷口さんは大塚先生への思いを、同志社大学チャペルアワーの講演で、次のように語っています。

「１９９７年、大塚先生は長年勤められた同志社大学を定年前に退職され、社会福祉関係の大学院を設立しようとしていた花園大学に移られました。『より強く求められる場所に行き、新しいものを生み出し、可能性を広げることが大切である』と語り、開拓精神こそが『福祉心』を大きくしていくのだということを、自らの身を以て教えてくださいました。考えてみれば、大塚先生は、障害をもつ人たちへの社会資源を生み出すことに力を注いでこられたのです。

１９９９年、大塚先生は自らが創設した大学院からの、修了生を見送ることなく、病魔に襲われ帰らぬ人となりました。１９８３年に、就職先のない私のために作ってくださった『障害者自立生活問題研究所（現、㈲自立生活問題研究所）（59ページ参照）』の名称は、先生と共に考えてつけた、先生の形見と言えるものです。

どのような時代になっても『他者を信じ、他者を愛し、可能性を追求していくこと』は福祉の基本であると思います。大塚達雄先生は、私たちに『福祉心』を伝えるために、この世に降りてこられた人なのだと理解しています」

アメリカへ

しかし、大学院で研究を始めたとはいえ、身の回りのことを手伝ったのは、やはりきよさんでした。京都の大学院まで、自宅のある石川県の加賀市から高速道路を使い、毎日2時間半から3時間をかけて、送り迎えしていたのです。

ある日、きよさんは谷口さんに言いました。「お前は本当に重い障害をもっているから、将来は絶対に仕事にも就けないし、結婚もできないと思っているやろう。だから、お前の面倒は私が最後まで見るよ。死ぬまで私が面倒見るから」。谷口さんが「歩けないようになったらどうするの？」と聞くと、きよさんはニコニコ笑いながら「這ってでも、お前のおしっこはとってやる」と言ったのです。その時、谷口さんは背中に冷たいものが走るのを覚えました。「この母親に、這いながら、尿瓶でおしっこを取ってもらうのか」と考えると、嫌というよりも恐怖でした。

「このままではいけない、母から離れて自立生活をしない限り、二人の人生が面白くないものになってしまう」

と谷口さんは直感し、母から逃げようと決意したのです。国内では、情熱的なきよさんは追いかけてくるに違いない。だから海外に行こうと思ったのです。

国際障害者年だったその年（１９８１年）の3月、新聞に「ミスタードーナツ障害者リーダー米国留学派遣」という大きな広告が載りました。それを目にした谷口さんは、すぐさま応募したのです。全国から１６０人の応募があり、谷口さんは最終選考の20人に残りましたが、結果は不合格でした。そこで、事務局に問い合わせたところ「重度の障害のある人を派遣して、事故でもあったらこの事業が1年で終わってしまいます。成績はよかったけれど不合格となりました。来年もう1回受けてください」という回答がありました。そこで谷口さんは、翌年もう一度応募して合格、アメリカへの留学が決まったのです。

愛の輪運動基金[*]の事務局は、谷口さんが自分で食事もできないし、車いすも動かせない重度の障害者なので、留学は難しいだろうと考えていました。そこで、研修を受け入れてもらえるか、現地の担当者に確認をしたところ、「それがどうしたの？　まったく問題ないから大丈夫よ」という答えが、コーディネーターのリリアンさんから返ってきたのです。同期の留学生も車いすを押して、介助に協力してくれることになり、ようやく事務局も留学を承諾したのでした。

留学先はカリフォルニア州のバークレーという町にある、自立生活センター（CIL: Center for Independent Living）に決まりました。

＊愛の輪運動基金
「めい・あい・へるぷ・ゆう」の精神で、「障害のある方の自立生活と社会への完全参加」を支援しよう。ミスタードーナツを運

営するダスキンは、１９８１年の国際障害者年に「財団法人広げよう愛の輪運動基金」を設立しました。（２０１１年12月公益財団法人に認定。「公益財団法人ダスキン愛の輪基金」に名称を変更）現在、ダスキングループをはじめ約18万人が会員となり、障害のある方たちと共生する活動を行っています。（第２章91ページ参照）

7　人生の転機——アメリカバークレーＣＩＬ留学

谷口さんは、ミスタードーナツ障害者リーダー米国留学研修２期生として、バークレー自立生活センター（ＣＩＬ）のアテンダント・ケア窓口で、６か月間の実習を行い、自立生活（IL: Independent Living）概念とケアマネジメントを学ぶことになりました。

そして、バークレーには、人生の大きな転機となる、たくさんの出会いが待っていたのです。

米国留学研修報告書

重度障害者ではない

１９８２年8月、谷口さんたち留学生はサンフランシスコ空港に降り立ちました。出迎えに来ていた研修担当と思われる人が「君、車いすの重度障害者はどこにいるんだい？」と尋ねました。そこで、谷口さんが「僕のことだと思います」と答えたら「君は重度障害者なんかじゃない。言葉もわかるし、自分が誰だと自分の口で言えるじゃないか。だから、君はアメリカでは重度障害者とは呼ばないんだよ」という言葉が返ってきました。「愛の輪運動基金」事務局に24時間の十分な介護をと依頼していたのに「君の介護は朝1時間と、夜1時間の合計2時間だ」と言われてしまったのです。「そんなぁ」。谷口さんは、着いたとたんに、崖から突き落とされたような気持ちになりました。「自分は重度障害者と思っていたのに、たった2時間のヘルパーで、やっていけるのだろうか」と初日から、すっかり心細くなっていました。

「おしっこが一人でできた！」

ヘルパーが朝と夜しか来ないため、谷口さんはおしっこを朝介助してもらった後、夜のヘルパーが来るまで我慢していました。留学したばかりなので「おしっこ手伝って」と研修先の人に、言えなかったのです。そのため水分を控えて、だんだん脱水症状のようになってしまい、帰国を考えるようになっていました。

そんなある日、研修生の歓迎会があって、お酒を飲んで帰ったら、家に着いたのは夜8時ごろになってしまいました。家の外で待っていたヘルパーは「もう8時なので帰ります。用事がありますから」と谷口さんを家の中に入れただけで帰ってしまいました。ヘルパーの契約は、夜7時～8時の1時間だったのです。日本の介助者だったら「お帰りなさい。もう時間だけどいいですよ。やることだけやって帰りますから」と言ってくれたと思いますが、アメリカ人はシビアでした。

谷口さんは頭をハンマーでガツンと、やられたようでした。でもそんなことを言っている場合ではありません、「ビールを飲んでいるので、朝までおしっこを我慢することはできない。これは一人で何とかしないといけない」と思い、汚れないように服を脱いで素っ裸になりました。すると動きがよくなり、トイレまで這って行き、なんと、便座に飛び乗ることができたのです。一人でおしっこができたのです。谷口さんは本当に生まれて初めて、27歳にして、自分一人でおしっこをすることができました。「なぜ、今まで試したことがなかったんだろう」と自分でもびっくりしてしまいました。

そして、その日から谷口さんのアメリカ生活は変わりました。友達や先生と一緒に、飲めや歌えの楽しいパーティーをするようになったのです。そうすることで、初めてアメリカという国を理解したような気がしました。アメリカでの「自立」の糸口は、他にもたくさんありましたが、これが、谷口さんを最も勇気づけた出来事でした。

障害をもっているからこそやりたいこと
――障害の価値観が変わる

アメリカでは、谷口さんの価値観を大きく変える出来事が、他にもたくさんありました。

バークレーに着いて1週間目ぐらいに、一緒に勉強していたアメリカ人の友達アンが「家に遊びにおいでよ」と誘ってくれました。アンは身長が70センチくらいの女性で、電動車いすに乗っています。谷口さんはうれしくてホイホイと出かけていくと、大きな階段があって、玄関からは入れません。そこで裏へ回って庭から「こんにちは」と入っていくと、飛び切りハンサムな男性が迎えてくれました。それこそハリウッドにいるようないい男でした。アンに「この人は誰」と聞くと「私のボーイフレンド、もうすぐ結婚するかもしれない」と言うのです。谷口さんはまた、頭をガツンとやられたようでした。「えー、どうして身長70センチくらいの女の子に、こんな格好いい彼氏がいるの」と驚いてしまいました。日本では考えられないことでした。

「ああ、いいなぁ」と谷口さんは思って、アンからいろいろな話を聞きました。「障害をもっていてどうして悪いの？　障害をもっていることは悪いことではない。障害をもって生きるということは、誰にも経験できないことをしているのだから、非常に貴重なことなのよ」とアンは言ったのです。

「障害をもっているからこそ、できることがたくさんある。障害をもっているからこそ、やりたいことができるって、おもしろい！　自分が障害をもっていることを、ラッキーと思うようになろう」と谷口さんは気づいたのです。

また、こんなこともありました。本当に重度で、手足が不自由で電動車いすを口で動かしている女性が、後ろのかごに赤ちゃんを乗せてやってきたのです。話を聞いてみると、赤ちゃんは彼女の子どもでした。「ええっ！　こんな重度な人が結婚して、子育てしている。すごいなぁ」とまたまた驚いた、谷口さんでした。

そういう日々の中で、谷口さんの考えは大きく変わっていきました。「障害が、重度とか軽度とか言うのはバカバカしくなった。本当に楽しいことは、障害があろうがなかろうがいっぱいやろう」。いろいろな障害のある人たちに教えられて、谷口さんの価値観が逆転したのです。

自分の障害を好きになる

谷口さんはアメリカに行くまで、自分が障害のある人と思われるのが嫌いでした。だから、ずっとがんばって大学院にも入り、他の障害

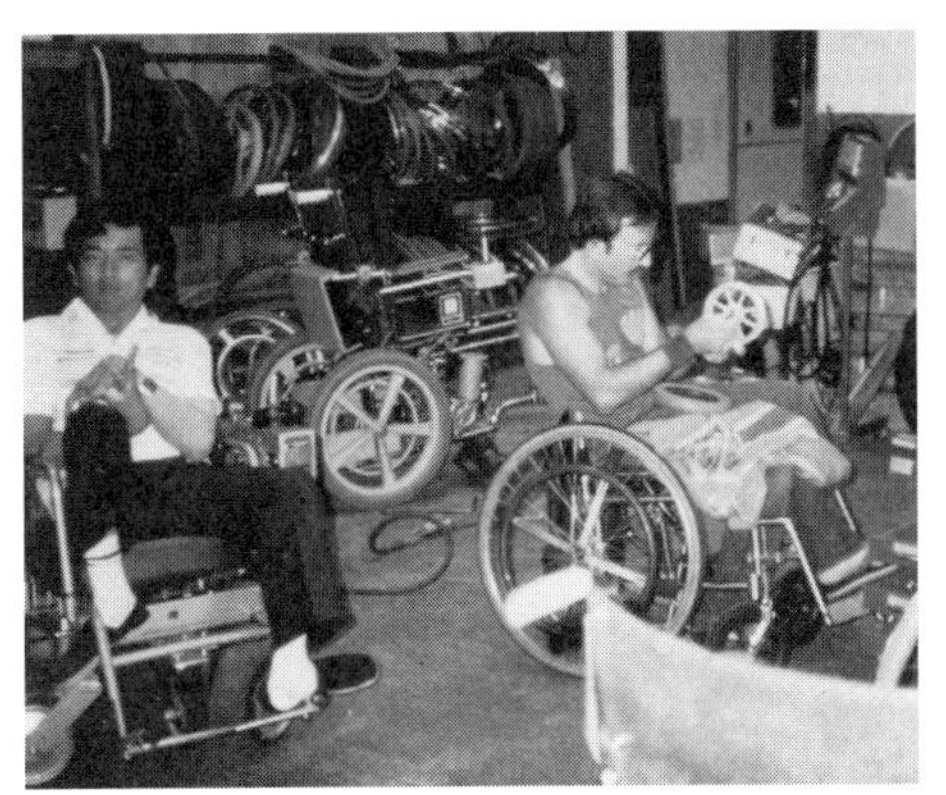
アメリカについてすぐの写真。一番嫌いな顔の谷口さん

者と自分は違うんだと斜に構えていたのです。これは、その気持ちが顔に出ている写真で、谷口さんが一番嫌いな顔の写真です。アメリカに着いて間もない頃のものです。

しかし、その後のアメリカ生活が、谷口さんの考え方を大きく変えました。「障害をもって生きることの大切さ」と「自分の障害を好きになる」という、重要な気づきを与えてくれたのです。

そして、谷口さんは「障害をもっていても、可能性は無限に広がっている。ニーズをはっきり口にすることで、それが現実へと近づくことを感じた。障害をもっている自分は、本当に障害というものを誇りに生きていこう」と思うようになっていったのです。

コラム●「夢だったパーマ」

谷口さんはアメリカに来て、日本にいる時は、自分の好きなことをやってこなかったことに、気づきました。中学、高校の時からずっと、髪の毛にパーマをかけたい、という夢があったのです。床屋さんに行って理容師さんに「パーマかけてください」と言うと、お店の人は谷口さんのお母さんに「パーマかけたいと言ってますがどうしましょう」と聞きます。お母さんはすかさず「ダメ」と答えていました。

アメリカでいろいろな友達から影響を受けて「よし好きなことをやってやろう」と思って、床屋さんに行きました。理容師のお兄さんにこの話をしたら、すごく感動してくれて「よしやるぞ」と言って、パーマをかけることになったのです。その時「髪の毛をカットしてからかけますか、そのままかけますか？」と聞かれたのですが、パーマをかけたことがなかったから、わからなくて「もったいないから長いままかけてください」と言ったら、アフロヘアーになってしまい、びっくりしたそうです。

谷口さんは研修先の上司から「お前は中学生に見える、日本人は実際よりも若く見られるから、何とかしろ」と言われました。「どうしたらいいのですか」と聞いたら「ヒゲを生やせ」と言われて、生やしたのがこの写真です。この姿になってから、電動車いすで街を歩いていると、メキシコ人と間違われました。メキシカンレストランに行くと、すごく歓迎され、メキシコの言葉でよく話しかけられました。これはおもしろいと思った谷口さんは、日本に帰ってくるまで、髭とアフロヘアーでいました。

パーマをかけた谷口さん（左）と青山さん

〝目からウロコ〟だったCIL研修

アメリカ留学における、谷口さんの研修テーマは「障害をもっている人たちの性と結婚の問題」でした。しかし、アンさんとそのボーイフレンドを見て、このことはアメリカでは、特に問題になっていないことがわかったのです。そこで、テーマを変更して「自立」について学ぶことにしました。

バークレー自立生活センター（ＣＩＬ）のアテンダント・ケアの窓口*で、６か月間の実習が始まりました。コーディネーターのリリアンさんは、研修だけでなく、夜や週末の生活もサポートし、パーティーもよく開いてくれました。

谷口さんたちに予定されていた、窓口でのインターンシップ（職業体験）は、研修生たちがほとんど英語を話せなかったため、はじめの頃は、アメリカにおける障害者の歴史や、制度がどう変わってきたかなどの勉強に切り替えられたのです。

障害者組織を見学したときは、見学先の担当者が話した内容を、最初にリリアンさんが説明してから、質疑応答の時間になります。見学後はディスカッションをしました。このように、堅苦しい講義ではなくインフォーマルで砕けた感じで勉強をしていました。

谷口さんが実習をしていたアテンダント・ケアの窓口は、障害のある人が自立生活をするために必要な、アテンダント（専門有料介護人）の採用面接と登録、雇用主となるクライエント（障害者）への紹介や調整をしているところでした。

谷口さんは窓口に通って面接を行うようになって、アメリカにはまだまだ人種差別が、当たり前のかたちで残っていることに気がつきました。アテンダントとクライエントの登録フォームには、人種を書く欄がありました。そして実際、アテンダントの契約においても、黒人や谷口さんたちのような外国人に、白人のアテンダントがつくことはほとんどなかったのです。「根強い差別というのは、どこの国も同じなのです」と谷口さんは留学報告書『自立へのはばたき』の中に書いています。

谷口さんとリーダー研修留学生とリリアンさん（右から2番目）

この研修でアテンダント・ケアシステムについて学んだ谷口さんは、障害のあるクライエント自身が雇用主になって、アテンダントを雇うことにまず驚かされました。さらに窓口ではクライエント一人ひとりに合わせて、登録アテンダントの紹介はしますが、料金や介助時間の交渉などの契約はクライエント自身ですることになっていました。介助の仕方や医療的ケアについての教育も自分で行います。クライエントには自己選択・自己決定が必要なのです。

「目からウロコだった」と谷口さんは、アメリカの自立生活概念に強い衝撃を受け、本来の自立とは何か、を深く考えさせられたのです。

心の師匠エド・ロバーツさん

そして、谷口さんの研究人生の道しるべとなる、大切な人との出会いがありました。ＣＩＬを立ち上げた「自立生活運動の父」と呼ばれるエド・ロバーツさんです。ロバーツさんは、14歳でポリオにかかり、その後遺症で四肢まひとなりました。自力呼吸ができないため、人工呼吸器をつけて、電動車いすで生活していました。

谷口さんが留学した当時（１９８２年）、ロバーツさんはジュディ・ヒューマンさんとともに「ＷＩＤ（世界障害研究所）」を設立し、その所長をしていました。１９９５年に、56歳で亡くなってしまいましたが、谷口さんの心の師匠でした。谷口さんは留学した後も、渡米するたびに会っていたほどの、心の支えだったそうです。

谷口さんは「行政と喧嘩するな。行政と喧嘩して、すごくエネルギーを使うくらいなら、喧嘩せずに一緒に協調しながら制度などをつくっ

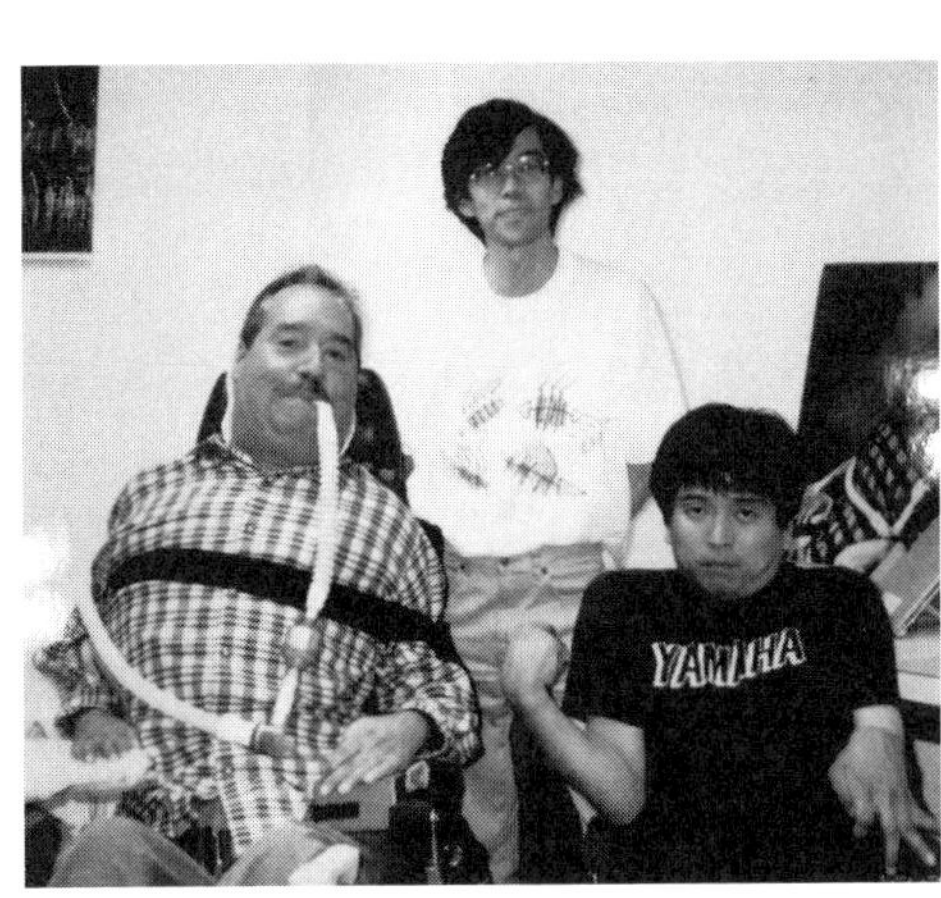

1990年にWID（世界障害研究所）でエド・ロバーツさんと再会。（左からエド・ロバーツさん、小川喜道さん、谷口さん）

ていくほうが、ずっと建設的だ」とロバーツさんから教えられました。それで後に、京都府や厚生労働省とも、仕事をするようになったのです。

谷口さんはバークレーで学んだことを、修士論文にまとめました。そして、ここから「障害をもつ人たちの自立」をテーマとした研究がスタートするのです。

〈資料〉

＊ＣＩＬ：Center for Independent Living（自立生活センター）

自立生活思想の考え方を理念にして、地域で暮らす障害者の自立生活を支える機関。アテンダントの派遣の他、自立生活の方法を学ぶプログラムや、障害者同士で相談支援を行うピアカウンセリングを実施する機関である。ＣＩＬの所長は障害のある人が務める決まりになっている。また、運営委員の51パーセント以上が障害者であること、障害種別を超えてサービスを提供することなどがＣＩＬの認可条件となっている。

当時のプログラム（谷口明広『自立へのはばたき』より）

①介助サービス（介助者探しとサービス内容のコーディネート）
②自立生活プログラム（金銭管理、移動管理、介助者管理等の方法について具体的に訓練するプログラム）
③住宅サービス（バリアフリー住宅探し、賃貸交渉支援）
④ピア・カウンセリング（当事者による当事者へのカウンセリング）

＊アテンダント：ＣＩＬにおけるアテンダント（専門有料介護人）は障害者自身が雇用主となり雇用契約を結んでいる。仕事は「パーソナル・ケア・アテンダント（重度障害者の身体介助：衣服の着脱・トイレ入浴介助・移動介助・食事介助など）」と「ハウス・キーパー（家事：掃除・選択・料理・買い物）」そして「障害者のよき友人・よき相談相手になること」。

（谷口明広『自立へのはばたき―障害者リーダー米国留学研修派遣報告１９８２』より）

＊アテンダント・ケア登録窓口：重度障害者が自立をめざす上で基本となる、アテンダント・システムの窓口としてＣＩＬと同時に開設され、スタッフとボランティアで運営されている。仕事内容は、クライエント（障害者）の登録、アテンダントの採用面接と登録、クライエント照会（アテンダントが自分に合ったクライエントを探して契約をする）、クライエントとアテンダントのトラブルの調整などをしている。

＊エド・ロバーツ　Edward V Roberts（１９３９－１９９５）
自立生活運動の父と呼ばれる。
14歳の時にポリオに罹患し、四肢麻痺と呼吸器の障害をもつことになった。当時の主治医は「植物人間として生きるしかないだろう」と診断したが、１９６２年にカリフォルニア大学バークレー校に進学した。その経験を踏まえて「カリフォルニア大学身体障害学生プログラムＰＤＳＰ（Physically Disabled Student Program）」を立ち上げ、連邦政府から資金援助を得て、他の身体障害学生への支援を行った。１９７２年にバークレー市で設立された自立生活センターは、このプログラムを発展させたもので、ロバーツさんはその初代所長に就任した。

１９８２年にジュディ・ヒューマンさんとともに「世界障害研究所（ＷＩＤ）」を設立し、その所長を務めた。ロバーツさんが提唱した自立生活概念は「自立とは自己決定である」というもので、自立と聞いて多くの人が頭に浮かべる、「仕事について自活できるようになることや、他人に頼ることなく一人で何でもできるようになること」とは異なっている。

「自立とは自分で決めて自分の人生を生きることであり、同時に、その結果に責任を負っていくということである」したがって、失敗したり危険を冒したりする権利もこの自立の考え方には含まれているのである。

１９８１年の国際リハビリテーション交流セミナーに来日したロバーツさんは講演の中で次のように述べていた。「衣類の着替えに１時間かかる人がいれば、その人に対して介護人を派遣して10分で着替えを終わらせ、残りの50分をより人間的に有意義な時間にしていくようにする」他者の介護を受けるという、依存の形態をとることにより、結果的には、自分のための時間をもつことにつながるという「依存による自立」という新しい自立観を提唱した。

もう一つロバーツさんが大切にしていたのは「メインストリーミング（主流化）思想」である。障害をもつ人たちが、常に社会の側流に追いやられているという現状に対し、障害をもってはいても社会の主流（メインストリーム）に乗って、生きていこうとする考え方だ。「障害をもつ人たちは、障害をもっていない人と比べて、確かに肉体的には劣っているかもしれない。しかし、感性や洞察力などという精神的な面では、障害をもっていない人より、はるかに優れていることがある。この点を強調して、一部の障害をもつ人たちでもよいから、障害をもっていない人よりも、高い地位に立たなくてはならない。そのような行為を繰り返して行うことにより、全障害者の社会的地位の底上げが図られるのである」と語っていた。

これが青春だ！

谷口さんは同期の研修生と2人で、CILが借りたアパートに住んでいました。アパートは治安のよくない黒人居住地域にあったので、泥棒が入ったり危ないことも経験しました。バークレーに着いて1週間ほどの間に、谷口さんはバークレーに住んでいる日本人の半分ぐらいと知り合いになったそうです。その中でも、フィッシュボールというスーパーマーケットの魚売り場で働いていた青山さん（通称「あおちゃん」）と仲よくなり、家でパーティーをするようになりました。

そしてもう一人、生涯の友となる今井哲明さん（通称「てっちゃん」）とは、UCB（カリフォルニア大学バークレー校）の近くで出会いました。谷口さんが、「朝日新聞社寄贈」というステッカーを貼った車いすに乗っていたので、それを見て、日本人だとわかったてっちゃんが、声をかけたのが始まりです。意気投合し、てっちゃんと共同生活をす

谷口さんとアテンダントのメリッサさん

ることになり、あおちゃんや江川和彦さん（通称「江川ちゃん」）も加わって、賑やかな暮らしが始まりました。

てっちゃんは大手建設会社の土木エンジニアとして、サンフランシスコで仕事をしていましたが、退職してアメリカに帰化し、ヒッピーのような暮らしをしていました。あおちゃんがアルバイト先の魚屋から、残り物のサメをもらってきて、毎日サメの焼いたのばかり食べていましたが、サメはアンモニア臭がすごいので、アパートの住人から苦情がきたこともありました。その頃の谷口さんのアパートには、同期の研修生やアメリカの友人たちなど、いろいろな人たちが出入りして、さながらオープンハウスのようでした。本当に楽しい毎日だったそうです。

谷口さんはてっちゃんの所有するフォードのカーゴバンに乗せてもらい、いろいろなところへ遊びにも行きました。共同生活を始めると、てっちゃんはCILで公認アテンダントの資格を取得し、正式なアテンダントとして、谷口さんの介護をするようになるのですが、アテンダント採用の試験官は、クライエントの谷口さんでした。そうして、UCB障害者外出プログラムで、ヨセミテやスティンソンビーチへのキャンプにも一緒に参加したのです。

また谷口さんは、てっちゃんの好きだったロックバンド「The Grateful Dead」にはまり、追っかけをはじめました。ある日、ニューイヤーズコンサートのチケットを手に入れようと、谷口さん、てっちゃん、あおちゃんの3人で直接バンドのオフィスまで行った時のことは、忘れられない思い出だそうです。2人は車いすごと谷口さんをオフィスのある2階まで持ち上げ「アイニードチケット！　アイニードチケット」と連呼していました。すると、メンバーの奥さんがにっこり笑って「ハイ、これ」と言って、2枚のチケットを渡してくれたのです。

その2枚のチケットを谷口さんとあおちゃんに譲り、てっちゃんはコンサート当日、自分が使うチケットを求めて会場の周りを歩き回りました。そして、ようやく一人の老婦人からチケットを譲り受け、会場に入ることができたのです。会場に現れたてっちゃんを見つけて、谷口さんは、うれしくて抱き合って泣いてしまったそうです。人の優しさに触れて、今まで大事だと思っていたものが、一気に色褪せてしまった出来事でした。本当に大切なものが何であるかが、わかったような気がしたのです。

研修生とCILの職員は、よく一緒にパーティーを開いていて、何組かのカップルが誕生しました。谷口さんも好きな人ができて、セクシャリティの研究をしていたリリアンさんのところへ行って「彼女と話をするにはどうしたらいいのだろうか」と相談したこともあったそうです。しかし、残念ながらこれは片思いに終わってしまいました。

谷口さんは、CILの研修以外にも、バークレーでたくさんのことを学びました。多民族国家アメリカの文化の多様性や、お互いの価値観を認め合い、自立して生きる人たちの暮らしぶり、人種差別と闘う姿も目の当たりにしました。てっちゃんたち3人とのハチャメチャな暮らしや、障害をもつ人たちが自由に暮らしているバークレーの街に感化され、いろいろなことが吹っ切れました。谷口さんにとって留学期間は、アメリカにすごくはまり、青春を謳歌した半年でした。

日本に戻りたくない

アメリカでの半年の研修が終わろうとしていた頃、谷口さんの中では、ここに残りたいという気持ちが強くなっていました。てっちゃんからも「このまま疑似ファミリーをめざして、一緒に暮らそう」と強く誘われていて、谷口さんはバークレーで仕事を探して、このままアメリカに残ろうと準備を始めていたのです。しかし大学院の恩師である大塚先生に説得されて、日本に帰ることになりました。他の研修生も谷口さんと同じように、自由な暮らしができるアメリカを離れたくはない、と思っていたようです。

谷口さんはリリアンさんと、日本に戻ってできること、できないことを話し合ったことがありました。「僕はパセリの茎を口の中に入れて、結び目をつくることができる。これができれば後はできないものはない。何でもできる」と谷口さん答えました。「自分が、日本に帰って障害者として、できることはいくらでもある。何でもできるのだ」と、たびたび語っていたそうです。そして、1983年1月、半年の留学を終えた谷口さんは、帰国の途に就きました。

谷口さんはアメリカに行くまで、障害者ではない生き方をしたいと思っていました。そのため、障害をもった友達と全く、つきあいませんでした。しかし、アメリカに来て、そのことをすごく反省し、日本に帰ってからは障害のある人たちとつきあうようになったのです。そして、障害者運動にも参加するようになり、谷口さんの人生は豊かなものになっていきました。

「アメリカに行ったことが人生の転機だった。アメリカに行かなかったら、今の私はなかった」と谷口さんは、アメリカに留学できたことを心から感謝していました。

エピソード●「アキは変わった」　バークレーCIL留学生コーディネーター　リリアンさん

（Lillian Gonzales Brawn　69歳　アリゾナ州（USA）在住）

リリアンさんはインタビューで、谷口さんの考え方がアメリカに来た当初と、まったく変わったと、次のように語っています。

アキは「アメリカにくるまで、障害があるからできないことが多いと思っていたけれども、こちらに来たら障害があってもいろいろなことができている、意識がすごく変わった」と言っていました。アメリカに来て最初に会った時と、帰る時のアキはまったく違う哲学、考え方に変わったことが、私にもよくわかりました。

帰国後のアキの講演の話などを聞かせてもらって、思ったことがあります。普通の人たちはインディペンデント・リビングを学ぶと頭の中で、あーだこーだと理屈に変わっていきますが、アキは学んだことを自分の体に完全に吸収して、それを、自分なりに日本の文化に合わせ、自分の言葉でうまく話しています。そういう意味ではエド・ロバーツやジュディ・ヒューマンととてもよく似ていると思いました。

日本で障害がある人は、食べるものは何にしようか、服はどれにしようかなどを周りの人に考えてもらっています。それが、アメリカに来てからは、何を食べて何を着るのかを自分が支援者を雇ってするんだ、という気持ちに変わっていきます。ただ単にしてもらうのではなく、雇ってしてもらう。自分が中心なのだという考え方に、アキが変化したのです。

切羽詰まってどうしてもやらなくてはいけなくなった時、しょうがない自分でやるかとなった時に初めて、どうしたらいいか自分で考えるようになったのです。それが大事です。研修生の中には、泣きべそかいて日本に送り返される寸前の人もいました。アキのように「やってくれないなら自分でするか」という姿勢をもった人の研修は成功するのです。

また、当時の日本では、障害をもって生まれた子どもは、4歳になる前に特別な施設に入れられてしまうことが多かったようですが、アキはそういう施設に入れられなかったのでラッキーだと言っていました。お母さんのことを「尊敬している、自分で判断できるように育ててくれてうれしい」とも言っていました。

2019年5月　アリゾナ州の自宅で左から
リリアンさんとスティーブさん

谷口は変わった

太田黒さんも帰国後の谷口さんが、それ以前とは変わったと感じていました。「ロサンゼルスから帰ってきて谷口は優しくなりました。行く前は政治家野郎と思い込んで本音を出さないつきあいでしたが、帰ってからは友達を大事にしてくれるようになりました。谷口が一人暮らしをしていた家に泊めてもらい、谷口の介助者の鈴木典夫さんや武田康晴さんに私も介助してもらいました。谷口が仕事に行った後ドラゴンクエストをさせてもらったりしたことも覚えています。日本語が通じないアメリカで一人で生活して、人は大事にせなあかんと思ったのでしょう」と語っています。

エピソード●「笑い話2」　太田黒重雄さん

「何かおもしろいことをしよう、車いすを押してくれている○○君には隠れてもらって、10年ぶりに再会した車いすの外国人という設定で、すべて英語でしゃべって何人が振り向くかやってみよう」という提案が谷口からあって、四条通のど真ん中で5分くらいやりました。

当時は、京都といえども外国人観光客は少なく、また英会話のできる日本人も少なかったので、車いすに乗った2人でやったらものすごく目立つだろうという発想でした。彼も、私も、英会話学校に通っていたため、中級程度の会話力がありました。2人とも目立ちたがりで、その結果、彼は大学教授を、私はヴォーカルごっこをやっています（笑）。

第2章

自立生活は楽しく

——谷口さんのソーシャルアクション

転機となったバークレー留学で学んだ自立生活（ＩＬ）概念は、その後の谷口さんの人生に大きな影響を与えました。アメリカから帰国した谷口さんは、同志社大学大学院で研究者としての道を選択。卒業後は自らの自立生活体験をもとに、当事者の視点から見た新たな自立生活概念を構築、研究で社会を変えることをめざしたのです。

自立生活問題研究所の所長として「重い障害のある人も、楽しく幸せな自立生活ができるようになるためにはどうしたらよいのか」をテーマに研究を続けました。同時に、ピアカウンセラーとして障害のある当事者の相談支援をしたり、自立をサポートする親や教員、施設職員などの人材育成にも力を注ぎました。講演依頼を受ければ全国に出向いて、直接自立生活に必要な知識や技術を伝えたのです。

この章では、谷口さんの自立生活の実際と研究者としてのソーシャルアクションについて紹介します。

1　一人暮らしスタート

日本に戻っても就職なし

谷口さんは重度の障害があるために、大学院を卒業しても就職先が見つかりませんでした。

同志社大学の大学院を卒業したら引く手あまただろうと

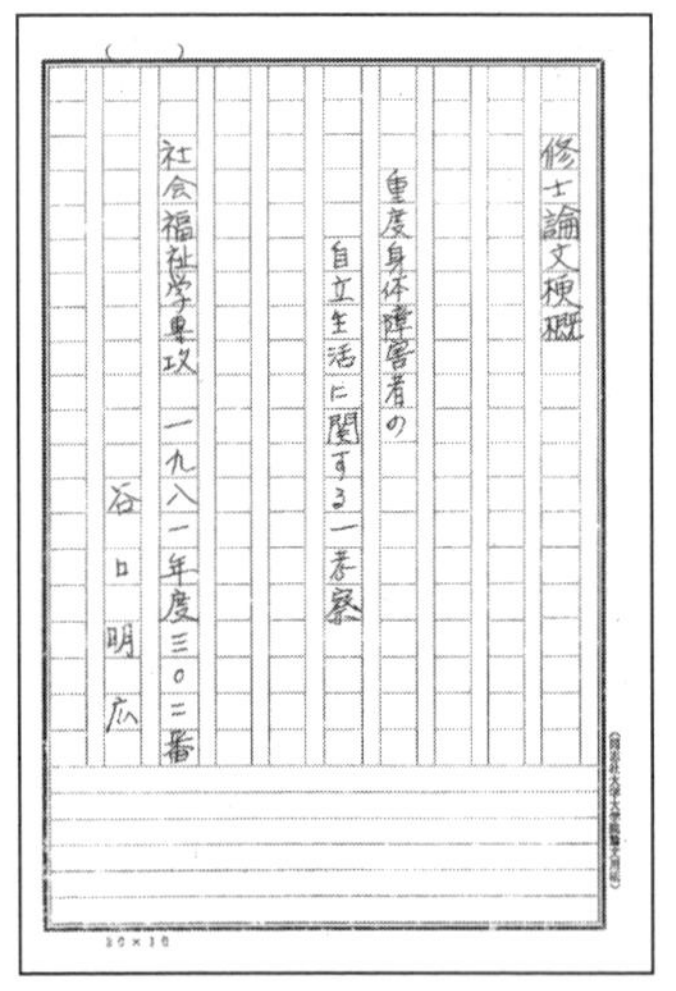
修士論文梗概
重度身体障害者の
自立生活に関する一考察
社会福祉学専攻　一九八一年度三〇二番
谷口明広

谷口さんの修士論文

思っていたのに、どこも相手にしてくれませんでした。ここでも重度の障害をもっていることが大きな壁になってしまったのです。

ブレザーとスラックス

谷口さんは1984年3月、大学院の卒業を機に、京都市内にアパートを借りて念願の一人暮らしを始めることにしました。いよいよ自立生活のスタートです。

一人暮らしをするにあたって、谷口さんは留学した時にCILで学んだ「介護人（アテンダント）派遣制度」を試そうと考え、まずアテンダントを探すところから始めました。その結果、公務員浪人の大橋さん、修士課程1年生だった山田容さん（現、龍谷大学教授）、大学院の聴講生だった鈴木典夫さん（現、福島大学行政策学類長）の3人が集まりました。

前年の1983年は「国連・障害者の10年」がスタートした年で、アメリカからジュディ・ヒューマンさんらを招いて、日米自立生活セミナーが開催されるなど、障害のある人の自立生活に注目が集まり始めていた頃でした。しかし当時、重い障害のある人が地域で自立生活をするためには、30人近い介護ボランティアを集めてローテーションを組むことが必要だったのです。

「そういうやり方では、少人数の障害者が多くのボランティアを囲い込んでしまう。ボランティアではなく、介護人としてのステータスをもったアテンダントが、契約にもとづいて介助をする、アテンダント派遣制度を日本でもつくれないか実践してみたい」と、谷口さんは3人に「アテンダント制度」について説明しました。まだヘルパー派遣制度もない時代でしたので、3人にとっては初めて耳にした内容でしたが、その考え方に賛同し、契約にもとづいて責任をもった仕事として、アテンダントになることを引き受けたのです。

大学院を卒業するまで4年間、アテンダントとして谷口さんの生活をサポートした鈴木典夫さんは、学会や講演のため東京、鹿児島などに同行する時は必ずブレザーとスラックスを着用していました。当時、車いすに乗った重度の障害者を介助するボランティアのスタイルは、ジーパンにスニーカーという姿が定番で、介助される障害者もスーツを着て社会的活動に参加するなどということは、まずありませんでした。

しかし谷口さんは、社会的活動をするとき、必ずスーツを着用することにしていたのです。「世の中に顔を出す時に、介護者がジーパンじゃダメだ。介護者は格好よくなければならない」といつも言っていたので、アテンダントはブレザーとスラックスを基本スタイルにしていました。そこにもボランティアとアテンダントの明確な違いが示されていました。

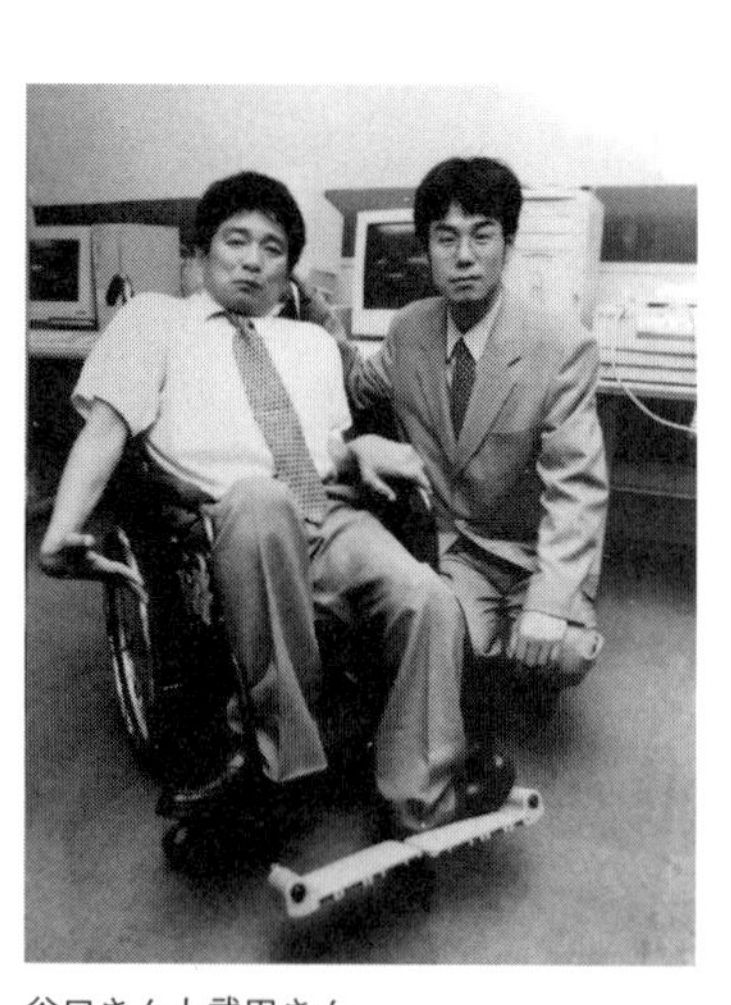
谷口さんと武田さん

鈴木典夫さんは、当時を振り返って「谷口さんは一人暮らしを始める時、障害者の自立生活という枠にこだわらず、『この社会の中で一人の生活者になる』ということをめざしていたのだと思います。そして、アテンダントのよいイメージをつくり上げ、それを社会に広めることで、地域に生きる障害者とそれを支える介助者の望ましい生活モデルを確立しようと考えていたのではないでしょうか」と語っています。

一人暮らしの裏表

しかし、一人暮らしを始めた谷口さんには厳しい現実が待っていました。両親による丸抱えの生活から一人暮らしへ転換した当初は、戸惑いと苦労の連続だったのです。

谷口さんは当時について、次のように述べていました。

「日常生活に関する小さな事柄に対しても、自分の意見を言うことが難しく、社会一般の常識と言われることも、五歳以上も年下の者から教えられるという恥ずかしいこともたくさんありました。

日々の暮らしの中で、『楽しいことと辛いことは、表裏一体である』ということを痛感しました。約束した時間に介護者が来るとは限らず、寝過ごしたり、忘れたりすることもあります。冷蔵庫に食べたいものを入れておいたとしても自力では食べることもできずに、指をくわえているという体験もしなければなりませんでした。

自立生活を営むことは、自由で楽しい反面、一人でいる時の孤独感に耐えていかなければならないのです」

（『季刊福祉労働』No.521991「自立とは前向きの生き方」）

谷口さんは「自立生活」という言葉から連想される理想のイメージとは違う、厳しい現実に直面しなければなりませんでした。

コラム●「恐怖のゴキブリ事件」　鈴木典夫さん

あれは本当にすごいことでした。夜中の1時頃に谷口さんから電話がかかってきて、受話器を取ったとたん「助けてくれ！」という叫びが耳に飛び込んできたのです。「どうしたんですか」と問いかけましたが、「助けてくれ。ゴキブリがいっぱいいるんだ」とくり返すばかりでした。真夜中のことではありましたが、必死で助けを求めていることがリアルに伝わってきたので、僕は、谷口さんのアパートに急ぎました。

現場を目にするまでは、いっぱいとか言っても、せいぜい7、8匹ぐらいなのだろうと思っていました。しかし、部屋に入った僕はびっくり仰天してしまいました。まるでトトロの世界だったのです。トトロの一場面で、まっくろくろすけがヒョッと隠れるでしょ、あれなんです。アパートのドアを開けたら、ガサッっていう音がする。どこにゴキブリがいるのかと思っていたら、ザワザワザワザワという音が台所の方から聞こえてくるんですよ。そこで、台所に行って流し台の扉を開けてみたらそのとたん、下の方から床一面が真っ黒になってしまうほど大量のゴキブリが出てきたんです。100匹、いや200匹。さらに、それを皮切りにして他の場所からもワーッと出てきました。配管からも溢れ、天井からもボトボト落ちてくるんです。

僕も恐怖を感じずにはいられませんでした。まるでホラー映画です。僕は「こりゃ、怖いわな」と言いながら、黒い軍団を、掃除機でゴキブリバスターのように吸い込んでいきましたが、吸い込んだ後の掃除機の中を開けるのが、また恐怖でした。

彼の住む部屋はアパートの一階にありました。一階の他の部屋は飲食店でしたが、その日、飲食店が害虫駆除を実施したのです。その結果、ゴキブリが配管や天井を通って谷口さんの部屋に全部来たのではないかと推測しました。それにしても、すごかったです。

翌朝、連絡を受けた母親は殺虫剤をたくさん持って石川県から駆けつけ、ゴキブリを駆除したのでした。谷口青年に、自立に関する一つの指針を与えた大きな事件だったと思います。

谷口さんは自立生活に関する講演会で、ゴキブリ事件（コラム参照）のことを必ず話題にして、「みなさん、自立して一人暮らしをする時は親が元気なうちにしてください。何かあったら助けてもらえますから。親が動けなくなる前に、自立生活を始めなきゃだめですよ」と言っていました。

これを聞いた当事者やお母さんたちは「親が面倒みられなくなってからでは遅い！」と、20代から一人暮らしやグループホーム、福祉ホームでの自立生活をめざすようになったのです。

2 研究で社会を変える

「障害者自立生活問題研究所」設立（１９８５年）

大学院を卒業しても、就職先が見つからなかった谷口さんに、進む道を示したのもまた、大学院の大塚達雄先生でした。「とりあえず私が所長になって研究所をつくってあげるから、そこでもっと修行しなさい」と言って「障害者自立生活問題研究所」をつくってくれたのです。

そして、谷口さんはここでアテンダントや研究助手とともに研究活動を続けながら、大学の非常勤講師もして、なんとか生活をすることができるようになっていきました。「研究所ができた当初は仕事も少なく、障害者年金に加え両親からの仕送りがなければ生活できませんでした。自分で何とか食べていけるようになったのは33歳（１９８９年）になってからです」と谷口さんは講演会で語っていました。

研究所を始めた翌年１９８６年９月に、谷口さんが研究所所長に就任し、トヨタ財団から研究助成を受け１年半かけてまとめた「重度障害者の自立生活――日本的自立生活援助センターについての研究」という報告書を提出しました。その後も同財団の他「財団法人　広げよう愛の輪運動基金（当事）」などの助成金も受けて研究活動を続けるとともに、総合リハビリテーション研究学会などの学会への発表も積極的に行っています。

研究所設立から3年が経った１９８８年、谷口さんは大塚先生からの誘いを受け、同志社大学大学院の社会福祉専攻博士後期課程に入学、本格的に研究者としての道を歩みはじめました。

研究で社会を変える実践を

障害のある人たちの自立生活を支えていく機関は、アメリカの「ＣＩＬ（自立生活センター）」に代表されるように、直接、障害者向けサービスを提供しています。（44ページ参照）これと同様な機関として、日本でも１９８４年に日本自立生活センター、１９８６年には東京にヒューマンケア協会が設立され、本格的に北米型の自立生活センターがスタートしました。さらに、１９９１年には全国自立生活センター協議会（ＪＩＬ）が発足、活発に活動を続けています。

しかし、障害者自立生活問題研究所は、直接的な障害者サービスを提供しません。自立生活に関する問題を研究し、必要な政策やサービス内容を提示していくことを目的としていたからです。谷口さんの心の師

『アクセス食マップ　イン・京都』
1991年発行
表紙の写真は谷口さんと三浦雅之さん
トイレのバリアフリーから食のバリアフリーへ

トヨタ財団からの研究助成事業「重度障害者の『食環境』に関する研究」の成果報告書。車いすで利用できるお店を紹介しています。

匠であり、アメリカの自立生活運動の中心人物であるエド・ロバーツさんは「ＷＩＤ（世界障害研究所）」という研究機関を設立し、研究と運動という両輪を備えて「障害のあるアメリカ人法（ＡＤＡ：Americans with Disabilities Act of 1990）」制定に向けて活動を進めていました。谷口さんはＷＩＤのように「研究で障害のある人が自立して幸せに暮らせるような社会をつくること」を目標に研究所を続け、エド・ロバーツさんの活動を日本で実践しようとしたのです。

研究所職員は一人二役

研究所の職員の仕事は、谷口さんの介助者と研究助手の二役でした。研究所の発足当時はお金がなくて職員を2人体制にできなかったので、職員1人とアテンダント、院生ボランティアが一緒になって活動を支えていました。当時の谷口さんのマンションは、研究所兼住居となっていて、いろいろな人が出入りしていたので、まるでバークレー留学時代のアパートのようににぎやかだったそうです。

初代の研究所職員だった三浦雅之さんは、自立生活講座を開催していた奈良の「たんぽぽの家」のボランティアをしていて谷口さんに出会い、１９９０年に初代研究助手として就職しました。介護の専門学校を卒業したばかりの20歳でした。

2代目の武田康晴さんは、同志社大学大学院の院生だった時に谷口さんと知り合い、ボランティアで介助を手伝ったことがきっかけとなり、１９９２年に研究助手になりました。武田さんは「あの頃、僕は髪を背中の真ん中くらいまで長くのばしていたので、谷口さんはなんだかおもしろそうなやつだと思って、声をかけたのかもしれません」と語っています。谷口さんは通っていた同志社大学大学院で、これぞという院生に声をかけて、アテンダントや研究助手になりそうなボランティアを募っていたのです。

武田さんは、のちに主任研究員となり谷口さんの一番弟子と言われるようになります。研究所職員になったばかりの頃のことを次のように語っています。

「大学院を留年し、大学院3年生の5月から研究所で働くことになりました。給料は12万円でボーナスはなし、社会保険も福利厚生も何もありませんでした。しかし、それまでボランティアで関わっていたのでお金がないことは知っていました。12万円を出すことは大変なことだとわかっていましたので、たとえ金額が5万だろうがなんだろうが職員になろうと思っていたのです。その時の谷口さんの給料は障害者年金を足して15万円ほどでした。

研究所が3年目を迎えた時に、もうちょっと給料が出せるという状況になり、谷口さんが「給料を上げたい」と言いました。でも、私は「やめましょう、その代わり1年お金を貯めましょう。研究所がなくなって、先生が施設に入ることになったら困るから」と言って、残ったお金を貯金に回し、1年で300万円ほど貯めました。

武田さんは谷口さんが亡くなるまでほとんど毎日、連絡を取り合っていたそうです。谷口さんが言うには「言うことを聞かない右腕」として、入職以来ずっと谷口さんの活動を支えてきたのです。後に「後輩がいっぱいいるのに、何で僕だったんですか？」と聞いた武田さんに、谷口さんは「わからないけど、たけちゃんといると面白いんだよね」と答えたそうです。

「介助する人、される人という前に、人間関係が大切と思っているので、自分の思ったことをはっきり先生に言っていました。はっきり言うことで、私は介助する人、される人という関係の、その向こうに行くことができると思うのです。逆に他の介助者を見ていると、気をつかってはっきりと気持ちや意見を言わないので、介助者と障害者の関係が固定したものになっているのではないかと思うのです」武田さんも障害のある人と介助者の新しい形をめざしていたのです。

コラム● 「谷口さんとのくらし」三浦雅之さん（1990年研究所入職）

研究所の仕事は週に4日程度で、給料は9万円台でした。ちょっとだけボーナスもあるという少なさでしたが、そこにはお金では買えない魅力がありました。

僕が働いていた時の研究は、トヨタ財団からの助成金で『アクセス食マップ イン・京都』をつくることでした。そのほかの仕事は講演活動です。オファーが増えて、忙しい時には1週間に4回も講演に行ったこともありました。この頃の谷口さんは、まだ大学の教壇には立っていなかったので、すごく積極的に講演活動をされていました。ギャラなどのことは、特に精査もされずに依頼を受けていたようです。青森とか四国とかの地方に行くことも多かったので、旅支度が必要でした。講演で使う資料も一緒に準備しました。

障害児の親への講演で、谷口さん自身の体験を踏まえた上で「甘やかしすぎたらあかんよ」ということをよく話していました。普通は親の前では言えないようなことを平気で話すのですが、先生が言うと、なぜか、おもしろおかしく、素直に聞けるものになってしまうのです。

また、谷口さんは博士論文を書くため、大塚達雄先生に師事し、同志社大学大学院に通学していました。ワープロが使えるので、レジメづくりとか論文書きは一人でできます。日常生活でも、歯磨きはできましたし、食事も、箸を口にくわえて上手に食べていました。お風呂は、浴槽にドボンと入れさえすれば、後はシャワーを使って自分で洗うことができました。トイレは、ウォシュレットのボタンは自分で押せるので、便座に身体を乗せるまでが介助です。

手も少し動かせました。ただし、リラックスしている時は調子がいいのですが、疲れていたり緊張したりすると、ガクンと機能が落ちることがありました。部屋の中では、座ったまま這うような態勢で移動していました。朝方は身体が固いのですが、トイレで立ってもらう時などは、自分の足で突っ張れるので、全体重を支える必要はありません。服は、ほぼすべて僕が着せましたが、服の着せ方は決まっていましたし、脱ぐのは自分でするこどもありました。僕は、「たんぽぽの家」では、もっと重度の方の介助をすることが多かったので、谷口さんの介助は楽だなと感じていました。

食事は外食が多く、よくお弁当を買ってきて食べました。それから、気分転換にファミコンをやっていました。谷口さんは、テレビゲームやファミコンができるのです。難しいゲームはできませんが、マリオとかスーパーマリオとかは、普通にできました。ファミコンに夢中になっている時は、これが気分転換なんだな、と思って邪魔をしないようにしていました。また、パチンコにも行きました。僕がついていくことは多くありませんでしたが、パチンコ好きの武田さんとはよく行っていました。谷口さんは、気分転換の必要な時かどうかを、自分でちゃんとわかっていたようです。

3 自立生活と障害ネタで講演の達人に
――年間300回の講演も

自立生活や、アメリカ留学の体験をもとにした谷口さんの講演会や研修会が好評で、全国から講演依頼がくるようになりました。

さまざまな社会福祉関連のシンポジウムで、基調講演やパネラーとして話す機会が多かったため、それを聞いた参加者が、自分の施設での講演を依頼するケースが急速に増えていったからです。みんな、福祉の現場を何とか変えたいと思っている人たちでした。

シンポジウムが終わると、すぐに名刺を差し出して「うちに来てもらえませんか？」という人がたくさんいました。それぞれの施設には地元で他施設とのつながりがあり「こちらに来る機会があれば、それに合わせてうちに来てください」と、連鎖的に地域全体を回ることになるのでした。

谷口さんは全国各地での講演や研修に力を入れていて、講演先は鳥取と島根を除いて45都道府県に上っていたそうです。多い年は年間300回の講演という超人的なスケジュールをこなしていました。自分だけの力では障害者運動や自立生活を始めることができない、地方で困っている障害の

ある人やその母親、施設職員の力になりたかったのだと思います。

コラム●「谷口マジック　5分間の奇跡」　土屋健弘さん（1993年研究所入職）

谷口さんの凄さは、施設職員や親の前で、障害をもつ本人の代弁者として、その思いを強烈に伝える話ができることです。

僕が、どんなにマイルドにおもしろおかしく話しても、肯定的には聞いてもらえなかったりするのだけれども、谷口さんって、どんなに強烈な言い方や内容であっても許容されちゃうのです。話術にたけていたのか、あるいはそういうキャラだったのかはわかりませんが、よくもこれだけストレートに親に断言できるものだと驚かされるのです。どう考えても親御さんなら顔を下に向けてしまうような話なのに、みんな腹を抱えて笑っているのです。これは、いったいどういうことなのだろうと、いつも感心していました。それは、この人にしかできないこと、真似することなど、とてもできないことなのです。

谷口さんの話は、あきらめてしまっていた人に、もう1回人生をやり直す力を与えることができます。本人の生活を制約してしまっている親御さんに「これではいかんな。親は親で、本人と思っていることが一緒ではないのだ」ということをきっぱりと伝えて、親の眼差しを変えてしまうことができるのです。僕は、そういう姿を深く尊敬していました。貴重な存在と思っていました。

僕には強烈な思い出があります。

谷口さんがある入所施設で、職員と利用者さん向けの話をした時のことです。そこはまだ、部屋でカーテンも閉めず、人に見える状態でオムツを替えたりしているようなところでした。谷口さんは利用者さんに向かって「君たちはもっと人間的に生きていいのだよ、思ったことを言っていいんだよ」という話をしました。多くの職員にとっては耳の痛い話だろうと思いましたが、施設を変えたいと考えている職員が、その話をしてもらうために谷口さんを呼んだのです。

その日は、帰りの新幹線に乗るために、講演の終了後、すぐに出発しなければならなかったのですが、悲壮な顔をした利用者さんが泣きながら近づいてきて「ちょっとだけでいいですから話を聞いてください」と頼まれました。谷口さんは「5分しかないけれど、それでもいいですか」と言って2人だけで部屋に入っていきました。まもなく、部屋から出てきた利用者さんは、まだ泣いてはいましたが、なぜかすごく喜んでいて「谷口さんありがとうございました、ありがとうございました」と握手をして別れていきました。たった5分でどんな話をしたのだろうか？　とにかく、たった5分で利用者さんに希望を与えたのです。それができるのは化け物だな!!と思いました。僕が1時間の面接をしたとしても、悲壮な顔をした利用者さんに希望を与えることなど、いつまで経ってもできないと思います。

谷口さんはその時の話のことは、それから一切しませんでした。深刻な話だったと思います。気になって、僕が帰りの新幹線で尋ねましたが、どうしても話してくれませんでした。

4 最高のパートナーみずほさん

結婚したい

研究所の所長として食べていけるようになった谷口さんの次の目標は、結婚することでした。

「ずっと結婚したかったのです。何人かとおつきあいもしましたがなかなかうまくいきませんでした。障害をもっていると幼い頃からみんなに愛されて、かわいがられる体験がほとんどで、自分から愛することはあまりありませんでした。だから、愛するということがどういうことか、わからなかったのだと思います」と谷口さんは振り返っています。

1990年4月、そんな谷口さんの前に、運命の人は現れました。上田みずほさんです。明るいみずほさんに、谷口さんは初めて会った時から強く惹かれました。

みずほさんは、谷口さんが博士課程に在籍していた同志社大学の大学院に、聴講生として入学してきたのです。当時の大学院では、修士課程の授業に、谷口さんたち博士課程の学生が先生のアシスタントとして参加していました。そして、授業が終わると、先生と一緒にみんなで食事や飲みに行くのです。登録していない授業にも出席できるなど、とても自由な雰囲気がありました。

アメリカ視察旅行で急接近

その年の9月、谷口さんは留学中の「ダスキン愛の輪」研修生をフォローアップするため、アメリカに行くことになりました。そこで谷口さんは大学院の後輩や知人に声をかけて、かつて留学していたバークレーを訪ねる視察旅行を計画したのです。アテンダントの鈴木典夫さんと神奈川県総合リハビリテーションセンターの小川喜道さんも一緒に行くことになりましたが、なんと、海外旅行大好きのみずほさんも参加することになったのです。みずほさんは大学時代、夏休みのたびにサンフランシスコにホームステイに行っていました。谷口さんに声をかけられたみずほさんは「海外行きたい!!」というノリで、一緒に行くことにしたのだそうです。

このアメリカ旅行で谷口さんは久しぶりにエド・ロバーツさんやジュディー・ヒューマンさんなど、バークレー留学でお世話になった方々と再会を果たすことができました。

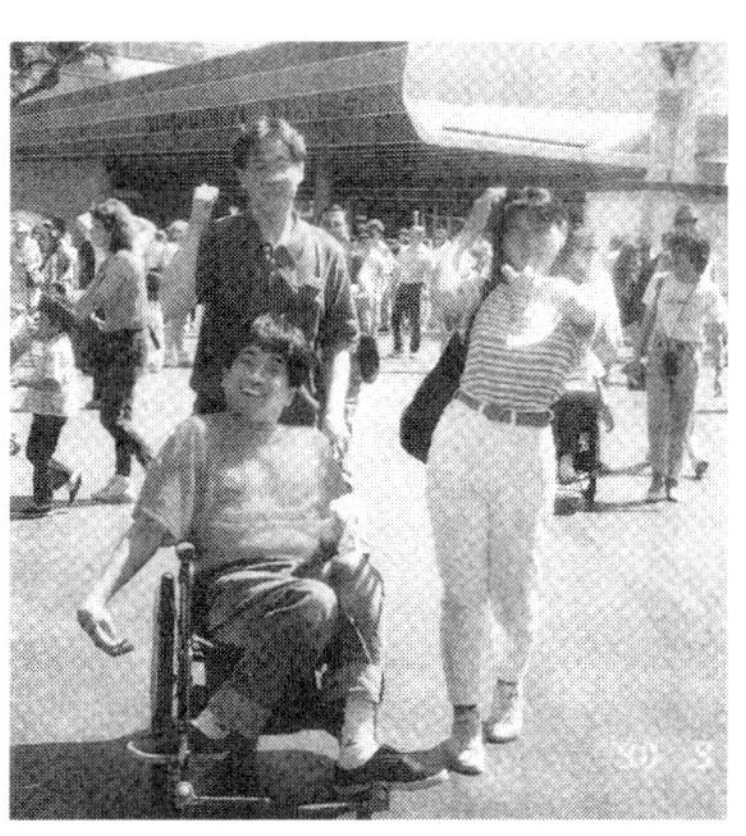

1990年 バークレー
谷口さん 鈴木典夫さん　みずほさん

小川さんはその時のことを「アメリカ合衆国における福祉実情報調査報告」として小冊子にまとめて、職場の人たちに配布しています。

小川さんは、谷口さんとみずほさんについて「自分がおじゃま虫でいたことにより、二人の関係がより近いものになったのではないか。自分はキューピットだったのでは」と回想していましたが、当時のみずほさんには遠距離恋愛中の彼氏がいました。

谷口さんとみずほさんのおつきあいが始まったのは、それから2か月ほどたった11月頃だったそうです。帰国後の谷口さんは、あの手この手でみずほさんにアプローチしました。その後、みずほさんは病院のソーシャルワーカーとして働き始めましたが、谷口さんは「結婚しよう結婚しよう」と猛アタックを続け、その熱意にほだされたみずほさんは、ついに結婚を決意したのでした。「お箸をくわえて魚を上手に食べる谷口さんを見て、びっくりしたのと同時に感心しました。びっくりして、感心して、うっかり結婚することになってしまったのです。もう少し歳が近ければ、うっかりしなかったと思いますが…」とみずほさんは微笑みながら話していました。

しかし、結婚までの道のりは厳しいものでした。みずほさんの両親に反対されたからです。みずほさんの父親は医者で、娘には自分の医院の後継者となり得る人と結婚してほしいと望んでいたと思います。そこに突然、思いもかけない障害のある谷口さんとの結婚話が切り出されたわけです。結婚相手が障害のある人というのは、普通は想定できることではありません。しかし谷口さんは、どんなに反対されても決してあきらめることはなく、みずほさんと結婚するために全力で行動し続けました。そしてみずほさんも、結婚を実現するための思い切った行動に出たりして、両親を慌てさせたこともあったのです。

１９９３年4月、谷口さんとみずほさんは結婚式をあげました。谷口さんは36歳、みずほさんは25歳でした。

パーティーは大賑わい

結婚披露宴の後のパーティーには、招待していない人がぞろぞろ来てしまって会場に入れなくなりました。１００人は入れる会場でしたが、１７０人くらいになってしまいました。「谷口さんのことをお祝いしたい人がいたら、当日来てくれていいです」と案内状に書いたのが原因だったようです。立錐の余地もなくなってしまい、料理も足りません。幹事の武田さんは、慌てて料理を追加注文して何とか急場を乗り切りました。

神奈川県総合リハビリテーションセンター自立教室の教え子も小川喜道さんと一緒にパーティーに駆けつけました。

「谷口さんが結婚するということで、これだけの人が集まったということはすごいことです。わざわざ神奈川からも教え子がくるわけですから」と小川さんは語っています。

アシカの写真しかない新婚旅行

新婚旅行に旅立つ二人を関西国際空港で見送った武田さんは、同行していた三浦さんと、アメリカでの介助のことを心配しながら帰ってきました。そしてその心配は的中し、大変な新婚旅行になってしまったのです。

出発から9日後、帰国する二人を武田さんが迎えに行ったところ、みずほさんが不機嫌そうな顔でロビーに現れました。「旅行はどうでしたか」と聞くと「とても大変だった」と一言。持って行ったカメラに写っていた写真はたったの6枚しかありません。4枚は出発の飛行機に乗る前に撮ったもので、残りの2枚はやけくそで撮ったようなサンフラ

サンフランシスコ湾のアシカ

結婚式二次会パーティー

ンシスコ湾のアシカの写真だったのです。

新婚旅行中のことをみずほさんは次のように話しました。

「サンフランシスコはとても坂の多い街です。『車いすを押すのを誰かに頼んで』と言ったのに、パパは頼んでくれませんでした。アメリカの人は『ワイフがたいへんだから手伝って』と言えば、喜んで車いすを押してくれるのに、全然頼まないのです。ひどいです。私は大学時代競技スキーの選手でマッチョだったので、何とか一人で押せましたが、車の運転もしなくてはならないし、本当に大変でした。私は何でもできると思っている、お母さんだと思っているのです。お母さんだったら文句も言わないで、何でもやってくれますが、私は文句も言います。今となっては笑い話ですが、本当に大変な旅行でした。

新婚旅行のやり直しアメリカ旅行グランドキャニオンにて
谷口さんとみずほさん

その後、新婚旅行のやり直しということでフランク小山さんの運転でグランドキャニオンに行きました。それからも二人でフロリダに3回くらい行き、とても楽しかったです。何しろアメリカに行ったら、車いすでどのお店にも入れるのでうれしかった。自由になったって思いました。パパがバークレー留学から帰りたくなかった気持ちがよくわかりました」

新婚旅行だから二人で行くものだと思い、介助者が一緒に行くなどということは誰も考えませんでした。その後の旅行には、武田さんや研究所の職員が同行するようになり、みずほさんも旅行を楽しめるようになりました。

結婚式の参加者には忘れられないエピソード

結婚式の参加者には忘れることができない、みずほさんのこんなシーンがありました。式が順調に進行して、新郎の最後のあいさつが終了した時のことでした。突然、みずほさんが「タケちゃん、マイク貸して」と言って、武田さんからマイクを取り上げ、すっと一歩前に出たのです。そして「お集まりいただいた方々の中には私の親戚もたくさんいますので、ここで申し上げておきます。安心してください、私は、介助者になるのではなく妻になるのです。介助はしません」と宣言したのです。会場にいた人たちは驚くとともに、二人の結婚式における忘れられないシーンとなりました。

外出はスカートとハイヒール

みずほさんの両親が心配していたように、障害をもつ人と結婚した妻は夫の介助をするのが当たり前と考えられていた時代でした。ヘルパー派遣の制度もありませんでした。二人は結婚前によく話し合い、それまでの常識にとらわれない2人の生活のあり方を決めていました。

結婚しても、みずほさんは病院のソーシャルワーカーの仕事をそのまま続け、生活のスタイルを変えませんでした。谷口さんに必要な介

新婚旅行の出発時、後ろ左から三浦さん、みずほさん、武田さん、前 谷口さん

助は、研究所の職員が担当するのです。「介助のための結婚ではない」ということについて、何度も話し合っていて、それは結婚の条件になっていました。みずほさんも、そういうルールがないと、結婚生活は長続きしないと思っていたのです。障害のある人とおつきあいした人が、介助疲れで別れてしまうケースが、二人の身近にいくつもありました。率直に、すべてを話し、お互いに納得して結婚しようと思っていたのです。

「今なら介護保険や障害者総合支援法などの公的なサービスもありますし、人々の考え方も変わってきています。しかし当時の日本では、このような考え方ができる人は少なかったと思います」と当時の研究所職員だった三浦さんが話していました。

みずほさんは結婚してからも、外出の時はスカートとハイヒール姿で車いすを押していました。そのため、四国の高知へ行った時は路面電車の線路につまずいて転んでしまい、谷口さんも車いすごと倒れたこともあったそうです。

5 『自立生活は楽しく具体的に』出版

谷口さんは自らの自立生活の体験も踏まえ、バークレー留学で学んだ個人別プログラム計画（Individual Program Plan：IPP）を実践するための「障害をもつ人の自立生活教室」を開催していました。

これをまとめて出版した本が『自立生活は楽しく具体的に』（かもがわ出版、

1994年）です。障害のある子どもをもつお母さんやお父さん、養護学校や障害児学級の先生、障害のある人とかかわっている施設の指導員の方々に読んでもらいたいと願って、書いたものです。

「夢を実現させるための九カ条」（2ページ参照）もこの本とともに出来上がりました。谷口さんの体験をもとにまとめられた九カ条です。これについて谷口さんは次のように述べています。

『個人別プログラム計画』を展開していく過程で、この九カ条に頻繁に触れていただきたい。『自分は何もできない障害者だ』と長年にわたって思い込んできた人たちの、気持ちを変えていくことは、支えていく立場の人たちにも忍耐を必要とするかも知れません。しかしながら、『夢は叶うものだ』という経験を一度でも、もった人たちは、それまでには考えられないくらいの〝能力〟が開花するという事実を目の当たりにしています。援助する立場である両親や指導員、そして先生たち自身が、あきらめることなく自分の夢に向かって進んでください。『夢を削りながら生きていくのが人生だ』という寂しい実感が、障害をもつ人たちの心に残らないために」

「谷口さんの根っこはここにある」と親友の小田島明さんが語り、各地の講演先で、谷口さんの自立のバイブルとして読み継がれている本です。

うどん一杯っていくら――「たんぽぽの家」での自立生活講座（奈良県）

1980年にオープンした「たんぽぽの家」は、社会福祉法人わたぼうしの会が運営する障害のある人たちのアート活動を中心にした、日中活動事業所です。谷口さんは、1992年頃から月に1回定期的にここを訪れて、通所しているメンバーを対象に自立生活講座を開催していました。たんぽぽの家では、障害のある人が、必要なケアを受けながら、地域のなかで自立した生活を送るケア付きの集合住宅、福祉ホーム「コットンハウス」

の開所を1998年に予定していました。「コットンハウス」に入ることを希望していたメンバーが、自立生活講座に参加していたのです。

講座はワークショップ形式で、谷口さんが自立に必要なテーマに沿って質問や課題を出し、メンバーみんなで考えて話し合いながら、必要な知識やスキルを身につけていくというものです。また同時に、自分の1年後の目標を決めて、それをどう達成するか計画を立てて実行していくという課題もありました。毎月宿題が出て、それを次回の講座で発表していました。

これに参加したメンバー二人に話を聞きました。

上埜英世さん（59歳 福祉ホーム「コットンハウス」在住）の目標は自分史を書くことでした。「たんぽぽの家」が主催するわたぼうしコンサートで「語り」をする時に一人で自己紹介ができるようになろうと、谷口さんの提案でこの目標に決めました。「自分史を書いて自立の研究をしたことはとても役に立ちました。舞台で最初から一人であいさつと自己紹介をして、『語り』を始められるようになったのです。大勢の観客に自分で話ができるようになり、聞いてもらえるようになってよかったです」と思い出を語る上埜さんは、今でも「語り」を続けています。

また、谷口さんから「アテトーゼ*が強いので将来は手足がしびれるようになるから気をつけてや。起きる前に体操した方がええで」と、身体のことを気をつけるよう言われたそうです。「谷口さんのおかげで自分の体のことを気づかされまし

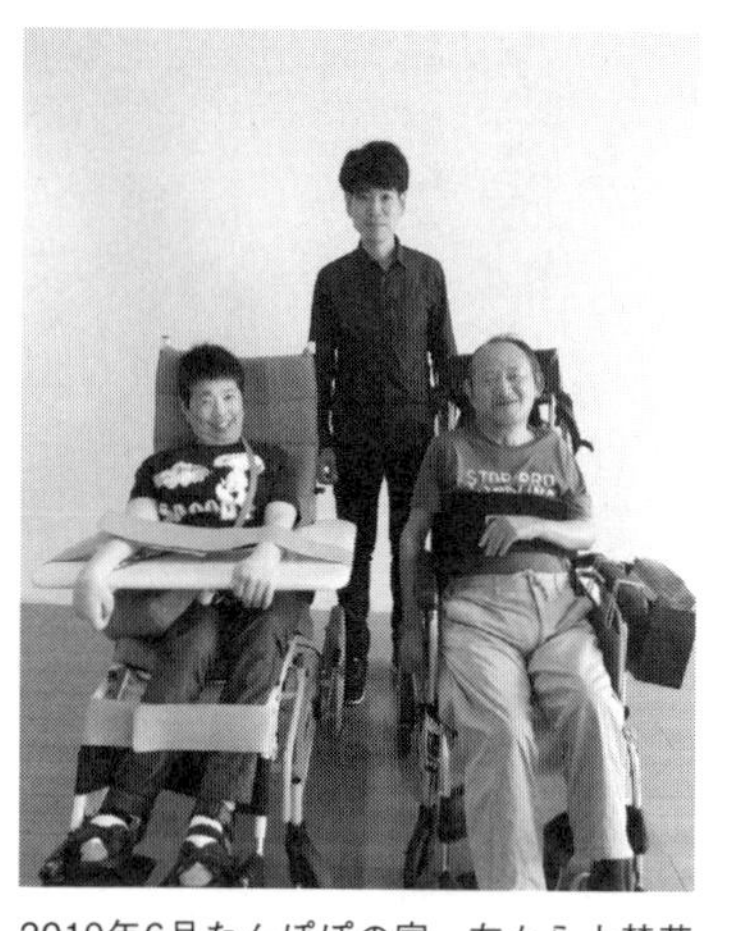

2019年6月たんぽぽの家。左から上埜英世さん、大西輝彦さん、後ろは社会福祉法人わたぼうしの会の成田修常務理事

た。谷口さんは頼れる兄貴のような人でした。困ったことがあったら気軽に相談ができました。楽しくておもしろくて、おもしろい中に本当のことを伝えてくれました」

もう一人の参加者大西輝彦さん（60歳 福祉ホーム「コットンハウス」在住）は、コットンハウスで生活するための1か月の生活費を考えるという課題があり、計算してみたら、予想以上にたくさんお金が必要なことに驚いたそうです。家族と住んでいたのでそれまで何も知らなかったのです。また、クイズでいろんな物の値段を谷口さんから聞かれて、とんでもない金額を言って笑われたこともあったそうです。「うどん一杯の値段さえわからなかった」と思い出していました。「谷口さんは神様みたいな人です。何でもよく知っていて何を聞いても答えてくれてすごいなと思いました。難しいことでもわかりやすいたとえでいろいろ教えてもらえるので、『あーそうだ』って納得することができました。ストンって落ちるという感じでした」

＊アテトーゼ：自分の意思とは関係なく勝手に体が動いてしまう、体をよじらせる不随意の運動

ワークショップで遊びの計画
――神奈川県総合リハビリテーションセンターでの自立教室

『自立生活は楽しく具体的に』の中にもう一か所、神奈川県総合リハビリテーションセンターの施設での自立教室が、事例として紹介されています。１９８６年の総合リハビリテーション研究大会における、谷口さんの自立生活プログラムに関する発表に感銘を受けた小川喜道さん（神奈川県総合リハビリテーションセンター）が講演を依頼したのがきっかけでした。

個別支援プログラムを実践する「自立教室」は、施設を利用している脳性まひのグループを対象にしたもの

です。「生活に必要な援助の受け方」や「外へ行って知らない人に声をかけて何かを頼む仕方」など、自立生活に役立つ内容のワークショップでした。養護学校を卒業したての参加者は、電車やバスにもどんどん乗って、みんなに援助してもらって、遊ぶ計画をいろいろ実行していました。

「谷口さんの教え子の池田まり子さんは、男性が多い神奈川の障害者運動に参加してがんばってやっていました。また、車いすに乗っていた女性で、結婚や離婚も経験し、そして子育てもしっかりとやっている人もいました」と小川さんは当時のことを振り返っています。

2004年谷口さんの結婚式で京都に神奈川リハの自立教室の教え子と小川喜道さん

エピソード●「図書券が謝礼」　小川喜道さん

谷口さんに研修に来ていただくときに、予算がないので「交通費を出さないで悪いけど」と図書券を謝金として渡していたのです。そうしたら、谷口さんがいろいろなところで講演する時に、僕がその席に同席している時に必ず言うのですけれども「小川さんのところに行くと謝礼が図書券で、もらうのはいいんだけれども、学校から実習を受けた時にもらった図書券を貯めておいたもので、昭和の年号がついているものは恥ずかしくて使えない、まったく」と笑いのネタにされてしまうのです。

そんな黄ばんでいるような図書券を束にして謝礼金にして、ホテルだけは近くにとって泊まっていただきました。十分な謝礼も出さない中でも職員に対しては厳しく、そして当事者には勇気を与える言葉で熱心にお話をいろいろとしてくださいました。

親が変われば子どもも変わる——素敵な親になるための講座

谷口さんは、親以外の人と人間関係を築く機会の少ない障害をもつ子どもたちにとっては、母親を中心とした家族が、人生を左右するくらいの大きな存在であると考えていました。障害者の自立生活を阻害する障壁の一つとして「親」があると、捉えていたのです。そして、もし障壁となる親が援助者に変身できたら、障害のある子どもにとって何物にも代えがたい存在となるということを痛感していました。そこで、同じ考えをもつ渡辺顕一郎さん（現・日本福祉大学教授）と1993年に「障害をもつ子どもの素敵な親になるための講座」を開くことにしたのです。

この講座では「親が変われば子どもも変わる」をスローガンに、子どもの障害理解から始まり、自立生活の考え方や利用できる公的サービス、さらに障害をもつ人の性や結婚の問題まで、連続講座を行いました。子どもの自立のためになすべきことについて、ユーモアを交えて話す谷口さんの講座に参加して、お母さんたちは自分の子育てに自信をもつようになり、子どもの自立のために積極的に取り組むようになりました。同じ悩みを抱える母親たちは、自然にセルフヘルプグループへと移行していき、その中から自分の住んでいる地域で福祉サービス事業を立ち上げる母親も出てきました。

受講者の一人である京都市山科区の大河内清子さんは、地元の障害児のお母さんと一緒にNPO法人を設立して活躍しています。「この講座に参加して、障害のあることは特別なことではなく堂々と生きればよいのだということを谷口先生とお話をしていて、お姿に接していて強く思いました。自分の子どものことを人前で恥ずかしいと思うことがなくなりました」と話しています。

大河内さんはその後、１９９５年に山科地区の知的障害のある本人によるサークル「太陽クラブ」を、２００３年に「ＮＰＯ法人わくわく」を立ち上げ、余暇活動や外出支援事業、グループホームの運営などを行っています。

谷口さんは、大河内さんが太陽クラブをつくりたいと相談すると「やったらいいよ」と背中を押し、研修を頼むと「いいよ」と忙しい中を出かけていきました。谷口さんは講座が修了した後も、母親たちのサポートを続けていたのです。

大河内清子さんと娘の絢子さん。
京都市山科区のNPO法人わくわくで
（2019年6月）

6 自立の旅は社会を変える第一歩
――京都新聞社会福祉事業団とのコラボ

ないないづくしの「車いす自立への旅」

京都新聞社会福祉事業団主催の「車いす自立への旅」は、国際障害者年（１９８１年）の2年後の１９８３

年に始まりました。街で車いすを見かけることはほとんどない時代に、十数台の車いすが街へ繰り出し、社会に大きなインパクトを与えました。目に見える形での国際障害者年の牽引車として、その役割を果たしてきたこの事業に谷口さんが参加したのは１９９０年のことでした。当時、社会福祉法人西陣会の常務理事をしていた水谷洋一さんが、京都ボランティア協会に出入りしていた谷口さんに「自立の旅のコーディネートをするスタッフとして参加しないか」と声をかけたのがきっかけです。

この年の行き先は「東京ディズニーランド」でした。鉄道やバスなど一般の交通機関を利用して移動し、東京の福祉団体との交流も予定されていました。当時は、駅にエレベーターもなく、車いすトイレもありません。ないないづくしの中、車いすトイレのある場所を探し、階段は車いすを担いでの体力勝負の旅でした。そこで、車いすを使用している谷口さんが、水谷さんと一緒に現地の下見に行くことになったのです。

谷口さんはこの時から水谷さんと、同事業団の先駆的福祉活動を通して、京都における障害のある人の自立支援体制づくりをめざすことになりました。時代を先取りした企画を事業団に提言し、障害のある人がさまざまな体験を積むことによって、自立への第一歩を踏み出せるよう、事業団と一緒に活動することになったのです。バークレー留学で学んだ「障害があっても楽しいことは何でもやってみよう」という谷口さんの生き方を、地域の障害のある人たちに伝えるソーシャルアクションでした。

夢をかなえる自立生活教室

１９９３年に「車いす自立への旅」から派生して「自立生活教室」が始まりました。ただ旅行に行って楽しかっただけではなく、まず、自分らしい暮らしをみんなで見つけていこうという声が、大きくなってきたのです。

これは、障害のある人が一人暮らしするために必要なことを学ぶ連続講座で、講師は谷口さんと武田さんが務めました。また、京都の障害者の自立を促進するとともに、「障害者として生き抜く」という観点から「生活塾」という色あいも強く出していました。そこには、参加者の家族に対する相談援助事業も組み込まれています。

京都市の北本晴雄さんは、自立生活教室の卒業生で谷口さんの弟子になった一人でした。北本さんの母親が谷口さんの講演を聞いて感銘を受け「自分の子どもを先生の弟子にしてください」と自立生活教室に参加させたのでした。北本さんは高校を卒業すると花園大学に進学、一人暮らしをするようになりました。谷口さんに出会い、親も自立、子どもも自立した例です。北本さんの他にもたくさんの人が、この講座から巣立って自立生活を始めました。

1995年3月、谷口さんは京都、滋賀の障害福祉への多大な貢献が認められ、京都新聞社会福祉事業団から「京都新聞福祉賞奨励賞」を受賞しました。

8.8.17

「福祉ネット」10月オープン
交流の場広げる　会員200人を募集

足元にはマウス、口にはキーボードをたたく"入力棒"をくわえインプットする谷口さん

福祉の情報ネットワークを広げよう……。"パソコン通信「情報BOX都大路」に十月一日から「京都新聞福祉ネット」がオープンする。運営にあたる京都新聞福祉事業団は会員を募っている。

同ネットは、福祉に関するさまざまな情報を提供するとともに、障害のある人、ない人、企業・団体のみなさんがパソコンによって相互に情報を受信、発信することにより、コミュニケーションの場を広げ福祉社会の前進を目ざすものです。

フォーラムは京滋の福祉情報さらりやボランティアの情報、会員同士の交流広［illegible］ンなどから構成されている。

会員募集は二百会員で、十月から一年間は特別会員として同事業団で会費を負担。応募会員多数の場合は抽選。締め切りは八月三十日。

申し込みと問い合わせは同福祉事業団「福祉ネット」係☎075(241)6186またはファクス075(222)2515に。

新しい表現方法勝ち取ろう
自立生活問題研所長呼び掛け

「福祉ネット」に参加する自立生活問題研究所（京都市下京区油小路通仏光寺下ル、グラン・ドムール油小路505号）所長の谷口明広さんから参加を呼びかけるメッセージが届いた。

コンピューター通信は、新しい世界を創造してくれます。"障害のある人たちも、コンピューターの進化により、字が書けなかった人たちが表現方法を勝ち取り、歩けない人たちが瞬時にして海外情報を手に入れることが出来るのです。京都・滋賀に住んでいる障害のある人たちは、地元の都大路「福祉ネット」から始めてみてはいかがですか。

都大路ID FNS0004
NIFTY-Serve PXI07504

京都新聞（1996年8月17日付）

魚は差別しない――「みんなで海釣り～障害のある人の体験講座」

月日は流れ、京都では車いすに乗った人たちが、街で普通の風景になりました。そこで「車いす自立」への旅」

はその役割を終えたとして、２００２年20回を最後に終了することになりました。そして、これに続く企画として、障害の種別や程度に関係なく余暇を楽しむ「障害のある人の海釣り体験講座」が始まりました。谷口さんと武田さんが、自分たちの主催していた障害者の釣りサークル「京都釣り鯛クラブ」のノウハウをもとに、事業を企画運営することになったのです。現地の関係団体と下見や打ち合わせを重ね、京都府宮津市にて「海釣り体験講座」が始まったのは、１９９８年のことでした。

当初、開催期間は3年程度と考えていましたが、有名な釣り師のみなさんや京都府立海洋高校のボランティアに支えられて、すでに20年以上も続いています。「魚は差別しない」という合言葉とともに、年に1回ここに集う参加者とボランティアのみなさんの笑顔は、関係者の貴重な財産となっています。

海釣り体験講座で挨拶する谷口さん。左は寺井英彦さん、マイクを持つのは研究助手の岡本卓也さん

桟橋には、参加者たちの釣り竿がずらりと並んだ

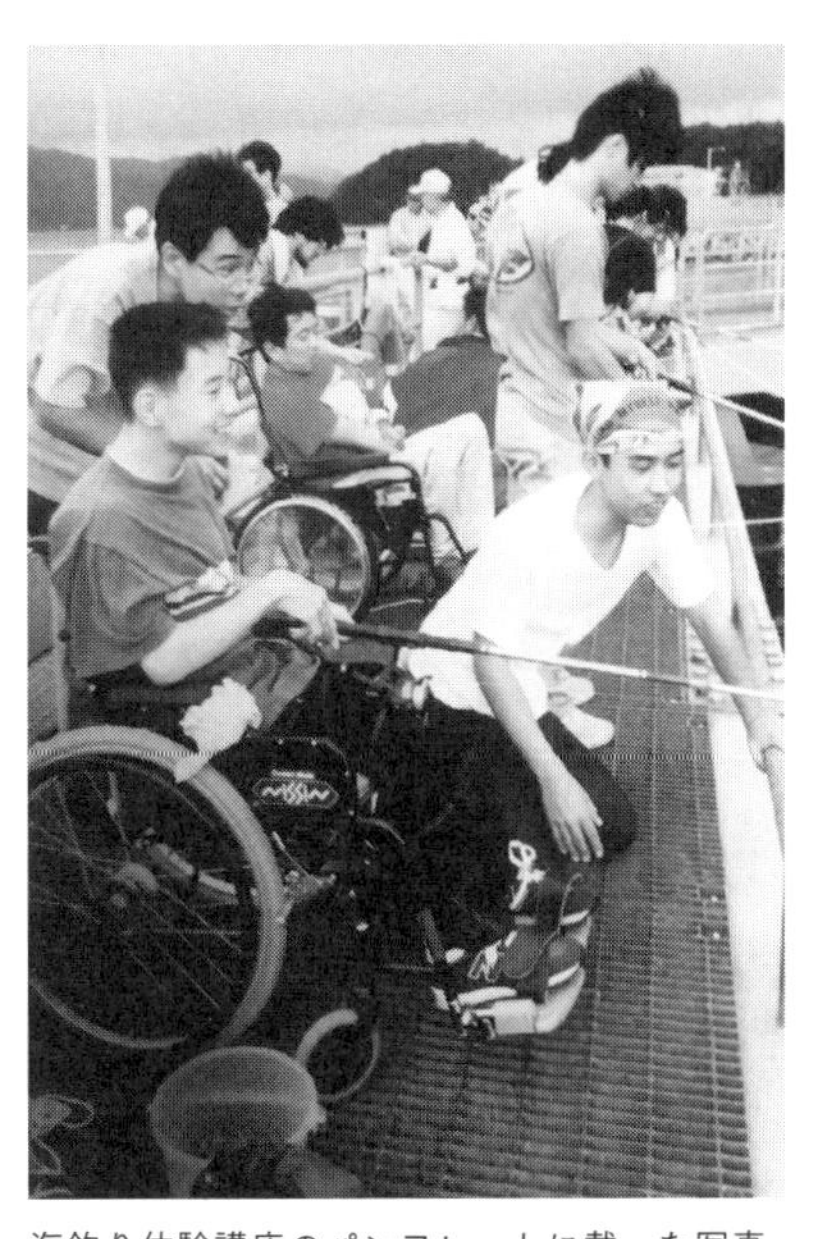

海釣り体験講座のパンフレットに載った写真。一番手前が北本晴雄さん、その後ろが武田さん

コラム●「谷口さんの釣り初体験」 寺井英彦さん（京都新聞社会福祉事業団）

石川県の谷口さんの実家に武田さんと一緒に行った時に、近くの海岸へ武田さんと私で夜釣りに出かけることになりました。準備をしていると、谷口さんは「俺は釣りなんか行きたくない」と言っていましたが、武田さんと私で「新鮮な刺身が食べられますから」「先生、何事も経験です」とか、いろいろなことを言って、何とか車に乗ってもらいました。

到着した釣り場は、真夜中の岸壁で真っ暗な海でした。谷口さんにとっては初めての体験で、着いてすぐに「タケちゃんもう帰ろう」と言っていたのを覚えています。それでも谷口さんになんとか釣り竿を持ってもらって、私たちは少し離れたところから様子を見ていました。しばらくは「もう帰ろう」という声が聞こえていましたが、突然「うぉー」という叫び声が聞こえました。その時、谷口さんの釣り竿がギューンとしなり、大きな魚がかかったのです。

谷口さんはそれがきっかけとなり、釣りが趣味になりました。

私の夢

20年に及ぶ「車いす自立への旅」を振り返った水谷さんの記事が、2003年の京都新聞に掲載されました。「車いす自立への旅」を続ける中で1993年より「自立生活教室」が94年からは「自立生活技術教室」が開講され本当の意味での自立への挑戦が始まり、受講生の中で自立生活を始める人も出てきました。2000年に、障害者の自立生活支援センター「きらリンク」が開設され、恒常的な障害者の自立支援の体制が確立されることになりましたが、この「きらリンク」こそが、まさに「車いす自立への旅」の結実した果実といえます。

「きらリンク」がこの成果をどう生かすかが、今後の課題になるでしょう。（「京都新聞」２００３年1月18日付）

また、谷口さんは１９９９年「リレー・車イスから眺めれば――アクセス権の保障を巡って（身体障害者の福祉）」で次のように述べています。

「移動」というものは、動物としての人間がもつ基本的欲求の一つであり、人は「移動」により別天地を夢見ることができ、生きる活力がわいてくるのではないでしょうか。「動く物」と書く動物は、夢を求めて移動し、留まって努力することにより夢を実現させていったのでしょう。その繰り返しは、人間に生きる力を、また発展する活力を与えてきたものと考えられるのです。

障害をもつ人たちは、「夢を語らない」とか「生きる活力がない」と言われることが多いですが、移動しない（できない）人間に対して、〝夢や活力〟を求めるほうに無理があるのかもしれません。このような事柄からも理解できるように、「アクセス保障」という考え方は、単に乗り物や建物を利用可能にしていくものではなく、一人の人間から夢や活力を奪うという人権問題と戦っていくという側面を持ち合わせていることを忘れてはならないのです。

障害をもつ人たちの一人旅が気軽に実現できるようになることが、私の夢であり、憧れなのかもしれません。

京都新聞社会福祉事業団の「車いす自立への旅」は谷口さんが願っていた「障害のある人が夢をもって生きる」ために必要なものを、数多く育んできたソーシャルアクションだったのです。

7 「きらリンク」物語

京都市初の地域生活支援センター「きらリンク」

２０００年10月1日、市内で初めての地域生活支援センター「きらリンク」が誕生しました。財団法人京都新聞社会福祉事業団が、京都市の市町村障害者生活（身体障害者相談）支援事業の委託を受けて設立したのです。

京都市では「全身性障害者介護人派遣事業」などの制度もスタートし、重い障害のある人も地域で自立生活を営める環境が整い始めていました。障害のある人たちの中には自立生活を始める人も増え、そういう人たちの生活上のニーズに対して相談に乗り、対応する場所が必要になってきたのです。そこで、事業団は「京都府総合福祉会館」の一室を2週間に1回借り「ピアリンク」という相談窓口を開設しました。谷口さんと武田さんが相談員として対応していましたが、月2回では即効性という問題をクリアすることができず、常時対応可能な相談窓口の設置が熱望されていたのです。そのような状況を受けて、２０００年度に地域生活支援センターの予算がようやく計上され、「きらリンク」がスタートしました。

スタートして数か月後には、月間４００件を超える相談が寄せられるようになりました。ピアカウンセリングを含めた相談支援が主な事業でしたが、それ以外に「障害のある福祉専攻学生の学習支援講座」「障害のある人のＩＴ講習事業」「余暇活動支援事業」等のプログラムを実施し、翌年からは「ピアカウンセラー養成講座」も開催しました。「きらリンク」は支援費制度（１２７ページ参照）下で障害のある人たちが、安定的に自立生活を続けるために、大きな役割を担って活動していたのです。

ところが２００４年４月、「きらリンク」は事業団からリストラされ、社会福祉法人西陣会の運営になるという出来事がありました。事業団の事務局長交代に伴い、急に「この事業を３月31日いっぱいで京都市に返します」と伝達があったのです。センター長を任されていた元研究助手の土屋さんが、奔走して代わりの運営先を探し、３年の期限付きで社会福祉法人西陣会が引き受けることになりました。しかし、京都市からは「この事業の西陣会への委託は３年後に打ち切ります。その後は、この地域に新しい施設を建てる法人に委託先を変更しますから職員の雇用については相談に乗ります」と言われたそうです。

きらリンクの職員全員が、３年の有期雇用で西陣会に移りました。

２００６年、支援センター不足を補うため、京都市では５つのエリアで障害別に３か所の支援センターができることになり、きらリンクへの委託終了の話は白紙になりました。そして西陣会ももう一つ、京都市中部障害者生活支援センター「にしじん」を新たに開設することになり、きらリンク職員の宇川征宏さんがセンター長として異動していきました。

リストラされた「きらリンク」を陰で救ってくれたのは水谷さんでした。運営を引き継いだばかりか３年後の委託解除の白紙撤回に向けても尽力され「きらリンク」は西陣会運営の事業として現在に至っているのです。

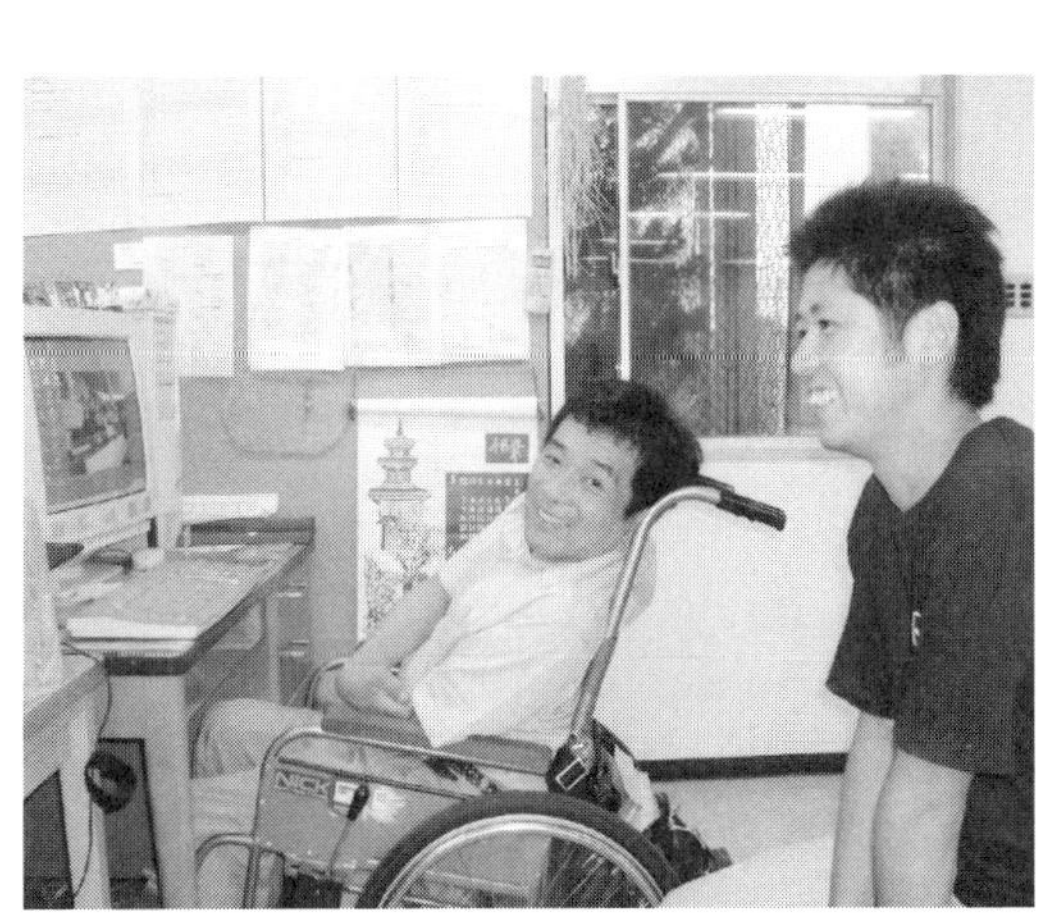
2004年9月きらリンク　谷口さんと徳竹健太郎さん

谷口さんはきらリンクの運営委員長とピアカウンセラーを兼務していましたが、「にしじん」でも同様の兼務をすることになりました。週に1回、午前と午後に分けてピアカウンセラーとして二つの支援センターに通っていました。しかし、ピアカウンセリングの対象となる利用者さんの数は、次第に減ってきていました。特に「にしじん」では発達障害や精神障害の相談が多くなっていたのです。

参考：厚生労働省審議会議事録「障害者（児）の地域生活支援の在り方に関する検討会（第2回）」資料7「谷口委員提出資料」2003年6月9日（https://www.mhlw.go.jp/shingi/2003/06/s0609-5g.html）

コラム●「時代の流れ」　宇川征宏さん（京都市中部障害者生活支援センター「にしじん」センター長）

相談に来た当事者さんの中で谷口さんのことを知っている人は、谷口さんの話を聞くと「ああそうかそうか」と理解できるのですが、知らない場合には、谷口さんの話と自分の現実とがかけ離れていると感じて、自分は何もできていないと思ってしまうこともありました。利用者さんにとっては、全国で講演活動をしたり、大学で教えたりしている谷口さんが、自分たちからは遠い存在だったのでしょう。

在宅支援では、よくヘルパーに関する問題が起こります。当事者から「先生は自分でヘルパーを雇っているからヘルパーから文句は言われないけれども、僕らは外からヘルパーさんが来るからヘルパーさんに頭を下げなければならない。偉そうにすると怒られてしまう」という話を聞いたこともあります。今は、制度を賢く使って、お互いが得しようという時代になりました。先生のお弟子さんたちも自分で介助者を確保しようとしているわけではなく「ほっといたら誰かが見つけてくれるだろう」「見つからなかったら、それは制度のせいだから行政に要望したらいい」と考えているのだろうと思います。

けれども僕たちは、谷口さんが苦労して新しい制度をつくってくれたのを知っていますから、そういう人たちに「前は違ったんや」と何度も説明します。「そういう人が多いんだよな。時代が変わったんだな」という先生の言葉を聞きながら、僕は、先生のしんどさを思いました。結婚したら結婚したで、子どもがいたら子どもがいたで、いろんなしんどさがあるに違いありません。でも、知らない人にはそんなことは見えないのです。先生のすべてがうまくいっているように見えるんです。それこそ「隣の芝生は青い」ってやつですよね。何もしないのにそうなったなんてことが、あるはずがないじゃないですか。谷口さんの恵まれているところだけを見て、陰の努力や苦労を考えてみようとしない人が多かったと思いました。でも、谷口さんは、そのへんについては割り切っていたように見えました。

8 「公益財団法人ダスキン愛の輪基金」後輩研修生を応援

障害のある人の自立生活の研究者となった谷口さんは、講演会で人生の転機となったバークレー留学の話をするたびに、留学中のさまざまな出来事とともに、「障害のある人もない人も人生が変わるようなことをしてほしい」と語っていました。

谷口さんは留学後も「ダスキン愛の輪基金」のお世話になっています。研究所を立ち上げても十分な仕事のなかった時代には、研究助成を受けたり、講演を頼まれて全国各地で話をする機会をいただいたりしていました。谷口さんはこの講演活動のおかげで「人前で話すことに自信がついた」と言っていました。

公益財団法人ダスキン愛の輪基金

国連の「国際障害者年」にこたえ、ダスキン傘下のミスタードーナツが1981年、創業10周年記念事業として「ミスタードーナツ障害者リーダー米国留学派遣」を始めました。全国から大きな反響があり、この事業を永続させるために同年11月、「財団法人広げよう愛の輪運動基金」が設立されたのです。

以来40年で、500人以上の障害のある若者たちを海外研修に派遣し、障害者のリーダーを育成してきました。参加者は帰国後、大学教授や弁護士、県会議員、自立生活センターの運営、パラリンピックの選手などさまざまな分野で活躍し、地域での障害者の地位向上に大きく貢献しています。

1991年に冠名が「ミスタードーナツ」から「ダスキン」に代わり、さらに2012年「公益財団法人ダスキン愛の輪基金」となって現在に至っています。

また、「アジア太平洋の障害者の10年」の中間点にあたる1999年には、アジア太平洋地域の障害者福祉を向上させるために、「ダスキン・アジア太平洋障害者リーダー育成事業」を開始し、アジア・太平洋地域の障害のある若者を日本に招いています。

ミスタードーナツ創業の日（1月27日）の売り上げの一部は、毎年愛の輪基金に寄付され、活動を支えています。

愛の輪が結んだ縁

1991年に「愛の輪」の事務局長に就任した遠藤清徳さんは、全国の加盟店を対象にした「愛の輪の集い」を、全国20か所で開催しました。第1部は愛の輪タイムとして海外研修派遣生による講演、第2部はすわらじ劇園による演劇上演でした。

谷口さんは第1部の講演を頼まれて、遠藤さんやすわらじ劇園のメンバーと一緒に全国を回りました。遠藤さんは脳性まひでも言葉がはっきりして、明るくユーモアあふれる谷口さんの講演を高く評価し、何度も講演を依頼していました。谷口さんも遠藤さんのことを「仕事でお世話になった恩師」だと言っていました。後に親友となる木村克也さんはすわらじ劇園の跡継ぎ、吉田彰雄さんは「愛の輪」の事務局職員でした。愛の輪の集いが結んだ縁でした。（161ページ参照）

その後、大学教授となり東奔西走する毎日になっても、谷口さんは事務局の求めに応じて、忙しい仕事の合間をぬって講演や研修派遣生の事前研修、グループ研修のアドバイザーなど、障害のある後輩たちのための「愛の輪」の事業サポートを亡く

知的障害者グループ研修生「OSAMURAI☆じゃぱん」アドバイザーとしてロサンゼルス研修に付き添う（2013年）ボーリング大会で

グループ研修生とイタリアのボローニャへ

なるまで続けていました。

〈谷口さんのダスキン愛の輪基金での活動〉
1991年～愛の輪の集いで講演
2000年～「財団法人広げよう愛の輪運動基金」評議員
2002年～「財団法人広げよう愛の輪運動基金」ダスキン障害者リーダー育成海外研修派遣事業実行委員会委員

9 米国留学から23年後の博士号

『障害をもつ人たちの自立生活とケアマネジメント——IL概念とエンパワメントの視点から』を出版

みずほさんと結婚して子どもが生まれた2000年頃、谷口さんは非常勤講師として大学で教えていました。どこかの大学に雇われて教授になりたいと思っていたのですが、採用試験を何度受けても落ちてしまいます。論文や研究の業績は十分あるので最終選考までは残るのですが、必ず最後には不合格でした。

出版された
博士論文（2005年）

「どうして落ちたのですか」と尋ねると「障害をもっているから採用できませんでした」と必ず言われてしまうのです。「大学の先生になんかもうならない」と思ったこともありました。けれども、谷口さんにはどうしてもしなければならないことがありました。結婚をするときに「博士号を取ります」とみずほさんの父親に約束をしていたのです。博士号を取るには、博士論文を書かなければいけません。谷口さんはがんばりました。原稿用紙６００枚にも及ぶ論文を書き上げて博士号を取ったのは、２００５年３月のことでした。

「愛の輪基金」のアメリカ研修から23年、博士課程に入学してから20年も費やしてしまいました。大塚達雄先生が亡くなった時をはじめ、何回となく博士論文をあきらめそうになったこともありましたが、同志社大学の岡本民夫先生の長年にわたる指導と励ましを得て、ついに書き上げることができたのです。

博士号授与式（社会学博士同志社大学2005年3月）
谷口さん、みずほさん、拓海くん、あずみさん

博士論文は『障害をもつ人たちの自立生活とケアマネジメント――ＩＬ概念とエンパワメントの視点から』（ミネルヴァ書房、２００５年）として出版されました。

博士号取得の前年２００４年、谷口さんは愛知淑徳大学医療福祉学部福祉貢献学科の教授に就任しました。大学教授になるという長年の夢も叶えたのでした。

第3章

インタビューで足跡をたどる

――谷口さんて、どんな人

谷口マインドを受け継ぐ人々（敬称略）

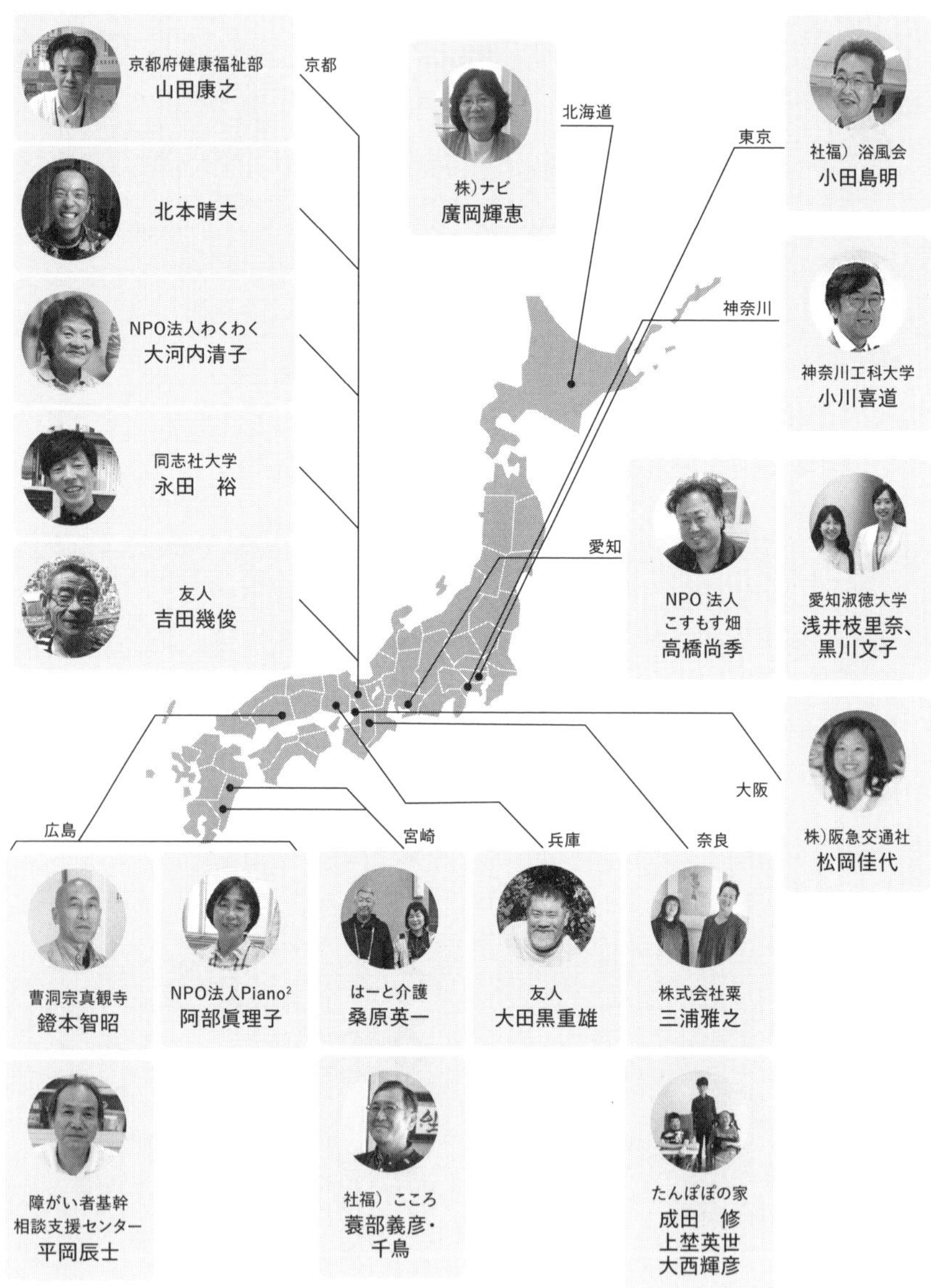

「谷口さんは全国各地で何を語っていたのだろうか？」という問いの答えを探すため、私は2019年3月、その足跡を訪ねる旅に出ました。いずれの場所にも半日程度の滞在ではありましたが、谷口さんゆかりの人々とともに、谷口さんの思い出を共有する楽しい時間となりました。

「夢を実現させるための九カ条」が貼ってある施設もあり、それぞれの事業所の運営に谷口マインドが生きていました。広島県三原市、北海道旭川市、京都府などでは障害福祉の施策づくりに大きな貢献をしていることも知りました。「谷やん」と呼ばれていた堺養護学校時代の谷口さん、「明広先生」と呼ばれて多くの学生に慕われていた愛知淑徳大学の教授時代の谷口さんとも出会いました。

インタビューをもとにみなさんの心に残る谷口さんを、写真を織り交ぜながら紹介します。

1　谷口マインドを受け継ぐ人々

1　障害のある人の「暮らし」をつくる

鐙本智昭さん（広島県三原市）・63歳
曹洞宗真観寺住職（通称・和尚）
三原市福祉のまちづくり推進協議会副会長（事務局長）

――谷口さんと和尚

わたしの中では谷口「先生」ではなく谷口「さん」です。もちろん、障害福祉の大御所ですから「先生」とお呼びしなければいけないのですが、それよりも人間としての魅力と親しみを感じるので「さん」と呼んでいます。さらに言うなら「谷口さんは本音で話せる呑み友達」というのが最もふさわしいと感じていました。彼も私のことを、親しみを込めて「和尚」と呼んでいました。素のつきあいができる、自然に自分をさらけ出すことのできる不思議な魅力を持ち合わせた人でした。何か私と似たような人生経験をして、今にたどり着いたような気がしています。「おもしろいことをやろう」「これっておかしいんじゃない」というところも共感するところでした。

厚生労働研究にも声をかけていただきました。今でもなぜだかよく理解できていないのですが、たぶん入所施設にかかわる人間が必要なので呼ばれたのだと自分では思っています。

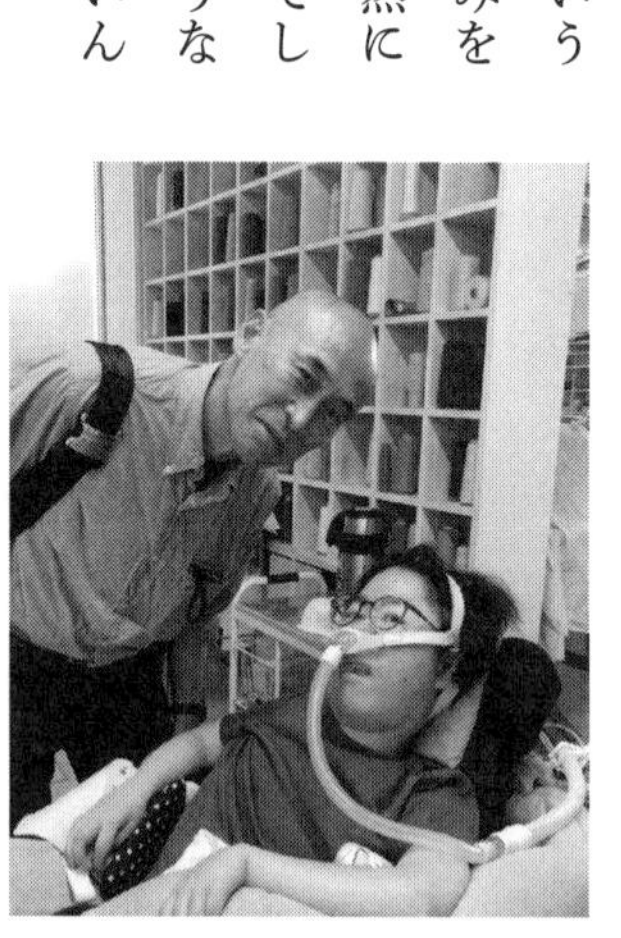
2019年6月　Piano[2]
鐙本さん、阿部奈緒子さん

――三原市で障害のある人の「暮らし」をつくる

支援費制度がスタートする以前の2001年に三原市で谷口さんの講演会がありました。当時、身体障害者療護施設寿波苑（すなみえん）に勤務し、相談業務に携わっていた私も参加し、その後に講師である谷口さんを囲んでの食事会があり、私たち障害関係施設の職員以外に市の担当者や障害のある人の家族である阿部眞理子さんたちも参加されていました。

講演会で谷口さんが力を込めて話してくださっていましたが、食事会の席でも「重度の障害のある人たちが、自分らしく生きていくための方法としての一人暮らしをするためには、24時間の介護を制度化した、全身性障害者介護人派遣制度がいるよね」という話を熱く語られ、会場はたいへん盛り上がりました。

それを聞いていた市の職員が「今日の講演のお話でよくわかりました。しかし先生、必要性はわかってはいますが、年度末でたいへん忙しいこの時期に、とても忙しすぎてやっていられません。私たち職員は死んでしまいますよ」と冗談交じりに言ったところ、突然谷口さんがズリズリとその職員のもとににじり寄って、いきなりドカッと馬乗りになり「死ねっ‼」と大きな声で一喝されたのです。その職員も谷口さんの思いをよく理解していたので、「わかりました。やります」と答えたのでした。そして、多忙な業務の中で奔走し短期間で制度化を成し遂げ、翌年２００２年から全身性障害者介護人派遣制度（現在の重度訪問介護の前身の制度）が三原市でスタートしました。これは行政職員を脅かして、施策を実現したという話ではなく、誰とでも親しくなることができ、相手の〝たましい〟を揺さぶり、人をその気にさせる、まったくもって谷口さんらしいエピソードだと感心しています。

この制度はすでに広島市では実施していましたが、広島県内ではどこも制度化に成功していませんでした。そんな中で、支援センターも立ち上がり、三原市として24時間介護がスタートしたのです。その利用者第一号が阿部眞理子さんの娘さんである、阿部奈緒子さんでした。奈緒子さんは二十歳になってすぐに一人暮らしを始めてすでに5、6年経っていましたが、当時は公的な介護サービスは1週間に9～10時間しかありませんでした。不足は学生のボランティアや社会人を募って生活していました。それがこの制度ができたことで生活に必要なヘルパーの利用が認められました。これが前例となり、他の障害のある方も地域で自分ら

2019年8月やっさ祭り　鐙本さん

しく暮らすために、十分とは言えないながらも、ヘルパーの利用時間を確保することができるようになったのです。谷口さんや三原市の障害のある人たちの思いが三原市を動かし、今後に続く制度になったのだと思います。

谷口さんはその制度をつくる時に「行政としては大変だけれども、当事者にとっては必要なんだ」ということを理論的に、なによりも当事者としての思いを込めて市の職員に説明してくださいました。行政にプッシュする大きい仕事、当事者の方や支援をする人たちのバックアップを強力にしてくださいました。それがあったからこそ、障害のある人が自分らしい生活をめざし、重度の障害がある人も自立して一人暮らしをすることができる可能性が三原市にもたらされたのです。

その後も三原市に何度も足を運んでいただき、三原市が単市で実施した障害者ケアマネジメント従事者養成研修や「障害をもつ人の自立講座」などの講師を務めていただきました。

2 「僕みたいにキラキラ光る人になれ」

阿部眞理子さん、奈緒子さん（広島県三原市）

眞理子さん（69歳）NPO法人Piano[2]代表理事
奈緒子さん（40歳）筋ジストロフィー症　20歳から一人暮らし

――出会い

谷口さんとは、三原市の障害者生活支援センター「ドリームキャッチャー」の、開所記念の講演会にいらっしゃったときに、初めてお会いしました。その後、たびたび三原に来てくださるようになり、障害をもつ娘の奈緒子が一人暮らしを続けるために必要な福祉サービスや、制度をつくるためにいろいろご助言いただいてきました。

親子活動として始めた水泳は40年になります。あちこちに出かけては娘にとってよいと思うこと、楽しいことを何でもチャレンジし、やってきました。「広島の筋ジスの馬鹿親子」と言われながらも、「ふつう」の暮らしを追い求めて今日までやってきました。その後、障害が重くて仕事のできない人が、地域で暮らせるようにNPO法人Ｐｉａｎｏ^{2}をつくりました。

――Ｐｉａｎｏ^2

Ｐｉａｎｏ^{2}の生活介護事業に送迎はありません。入浴もありません。地域で一人暮らしができるようになるための自立生活プログラム中心の活動をしています。どうやって楽しむか、どうやって暮らすか、どうやって働くか、一人ひとりに合わせて考えています。グループホームでの共同生活ではなく、アパートでの一人暮らしをめざしています。

谷口さんが一人暮らしを始めた時の「ゴキブリ事件」のことを、私たちも聞いていました。「親が元気なうちに自立をしないといざという時に手伝ってもらえない」という話の例として、私も仲間のお母さんたちに話しています。

阿部眞理子さん

Piano^2 ミーティングの様子

子どもが自立したいと言った時には「口出しはしない、手出しもしない、お金だけ出すように」といつも言っています。そして必要な時には相談にのり、手助けができるように、親が元気なうちに自立することが大切だと話しています。

娘は二十歳の時に一人暮らしを始めました。私はそれまでの20年間、ずっと介護をしていました。夜も寝がえり等のために十分寝られませんでしたので、疲れ切ってヘロヘロでした。一人暮らしを反対する気力はありませんでした。ここＰｉａｎｏ^{2}を利用するお母さんたちも同じように、私が見ていてギブアップと思えるようなお母さんには、パッと子どもと離れて暮らすことを考えるよう話しています。お母さんの状態を見て自立の時期をアドバイスしています。子どもは生活介護で自立プログラムを学んでいますので、一人暮らしを始める準備ができているのです。

私はグループホームではなく、地域で自分流の暮らしづくりをすることをすすめています。集団で暮らすことが苦手な人もいます。人に合わせることがしんどい人もいます。障害が重く生活の多くに支援が必要な人もいます。医療的ケアを必要としている人もいます。個別の対応が大切です。親は誰か管理する人がいるほうが安心だと思いますが、生活は障害のある人のものです。

携帯電話が第1世代、第2世代と進化してきたように、入所施設から地域に出るための一つの方法としての

Piano^2　事務所に貼ってある谷口さんの写真と「夢を実現させるための九カ条」

グループホームがあり、ふつうの暮らしを求めて地域で暮らす方法にはアパートもあり、シェアハウスもあり、ほかにもいろいろと考えられ、それが最終目的ではないし、これからも進化していくものだと思っています。そのためにＰｉａｎｏ[2]では自立体験をする部屋をもっていて、小さい時から合宿や家を離れた暮らし体験をしているのです。一人暮らしをしている見本もありますので、お母さんたちは、入所施設を利用するより、自立した暮らしができるようになってほしいと思っています。

――キラキラ光る人

わたしの娘の阿部奈緒子は、筋ジストロフィー症で自分のことを自分ですることができませんが、20歳の時に一人暮らしを始めました。25歳から人工呼吸器で呼吸の補助を行い、32歳の時には、経口摂取が難しくなり胃ろうを造設しています。

今から10年くらい前のことです。谷口先生が「奈緒ちゃん、なんぼ頑張っていても誰も気づいてくれない。僕みたいにキラキラ光る人になれ。僕はキラキラ光るために努力をしている。そのことが他の障害者の役にも立つし、社会も変わっていくのだよ。阿部奈緒子のやっていることは他のたくさんの人がやっていることではない、こんなに長く一人暮らしを続けているのだから、ちゃんと目立たんといけんよ」と言われました。そしたら奈緒子は「キラキラって言われた」と自分のやりたいと思うことを、積極的にやるようになりました。

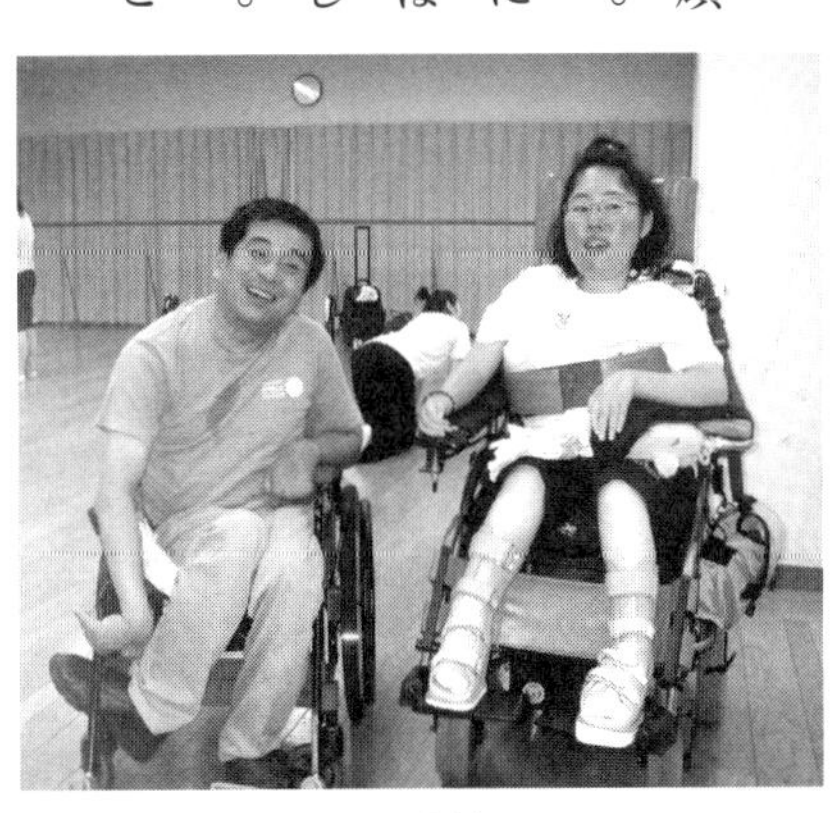

2007年8月　谷口さんと奈緒子さん

谷口先生のような社会的な活動ではないけれども、介護者の都合だとか親の都合だとかに振り回されないでどんどんやりだしました。「何もしなかったら誰も気づかん」とよく言うので、あの時先生が「キラキラした人になれ」と言われたことを、忘れずに努力しているのだと思います。

谷口先生が熱中症で死にそうになられた後、三原に講演に来られ奈緒子と話をしました。奈緒子が胃ろうをつけるか悩んでいると言ったら「あの時、僕はダメかと思ったけれども生き返った、死にかけたけれど救われた。僕はこうやって生きている。奈緒ちゃんも生きないといけない、生きる手段があるならもっと生きようよ。僕も生かされているんだ」とおっしゃいました。谷口先生が胃ろうをつけることを後押ししてくださったのだと思います。

そのように話された谷口先生が先に逝ってしまわれました。奈緒子自身も窒息をする危険性がとっても高い状態ですから「私はもっと気をつけよう。がんばろう」と言って、以前よりも自己管理をするようになりました。それからも激しいスケジュールで相変わらずよく出かけています。広島へ行くとか夜のライブに行くとか、日常の買い物はヘルパーに代行してもらい、周りを心配させながらもアクティブに、目立つほうをやっているようです。

2007年8月やっさまつり　谷口さん

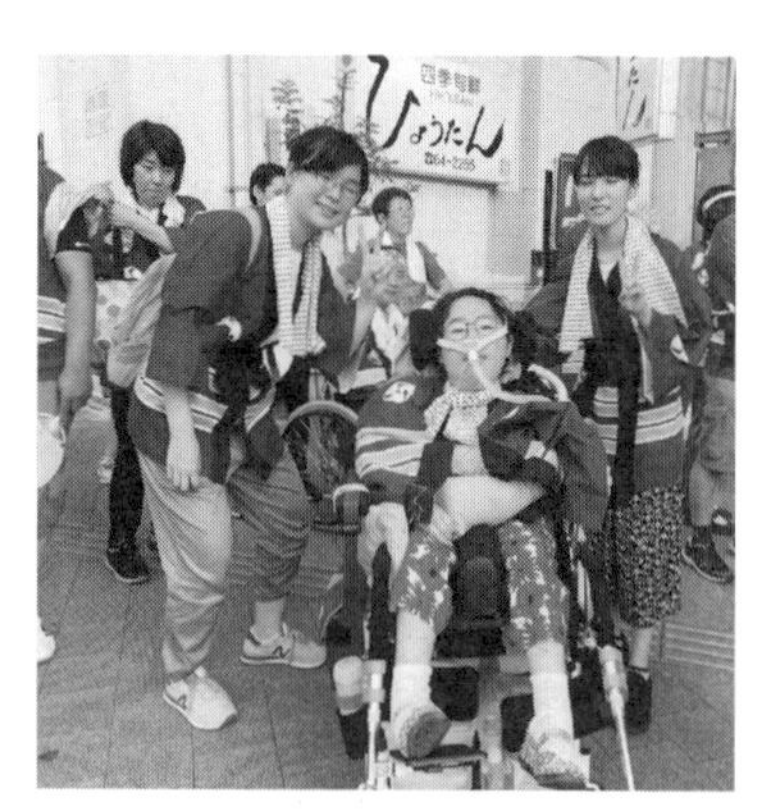

2019年8月やっさ祭り　奈緒子さん

谷口先生との飲み会があった時には、ミキサーを居酒屋に持って行ってペースト食をつくって食べたり、焼酎にとろみをつけて飲んでいました。口から食べられなくなった時でも、ビールを胃の中に入れていた時期もありました。経口・経管両用の栄養剤であるエンシュア・リキッド以外にも、疲れた時は味噌汁ににんにくを入れたペースト食をつくってもらい、ヘルパーさんを驚かせたりしています。生きようとしているのです。守りに入って閉じこもるのではなく、打って出る障害者の暮らしをしているのです。

——やっさ祭り（広島県三原市で毎年8月の第2金・土・日に開催）

1998年よりやっさ祭りに「明日にかける橋チーム」が登場しました。地域の障害のある人、高齢の人、子ども、生活のしづらさを感じている人、福祉専門職やボランティアがすべての垣根を取り払い、一人の市民としてともに祭りを楽しむ取り組みをスタートさせたのです。2000年からは「人にやさしい祭り委員会」が三原市のやっさ祭り実行委員会の中に新たに組織化され、活動を開始し、祭りを通じた暮らしの場づくりという地域福祉活動として現在に至っています。

谷口さんはやっさ祭りの大ファンで、熱中症で倒れるまで毎年祭りに参加して鐙本さんたちと一緒に楽しく踊っていました。

2007年8月　踊りの後の懇親会、谷口さんはよく参加者の話につきあってくれました。疲れて眠る鐙本さん

3 心を揺さぶられた講座

平岡辰士さん（広島県尾道市）・67歳
元社会福祉法人静和会　府中地域障害者生活支援センター　はーと＆はーと所長
福山市障がい者基幹相談支援センター　クローバー　アドバイザー

――爆発的な人気

２００１年に、私が勤務していた静和会の職員研修に、講師として来ていただきました。同じ法人に谷口さんの桃山学院大学時代の友人、金田君がいまして、谷口さんの年賀状に「自立生活問題研究所を立ち上げたものの仕事がない」と書いてあったと聞いて、講師を依頼したのがおつきあいの始まりでした。

翌年には府中で相談支援センターが開設され、その記念講演をお願いしたところ、これが好評で爆発的な人気となりました。それからはピアカウンセラー養成講座を企画し数年間、年５～６回の連続講座を担当していただきました。いずれも、当事者を含めたくさんの人たちが「自分自身の生き方」を考えるような、心を揺さぶられる講座でした。

――ウンチをするために生きているのではない！

広島県でケアマネジメントを意識した自立生活の研修を企画し、事例研修に当事者さんに来ていただくことになりました。その講師を谷口さんにお願いしました。

脳性まひの当事者に来ていただき、本人を目の前に個別支援計画をつくった時のことです。トイレをどうするかという検討に集中す

2005年8月　やっさ祭り　谷口さんと平岡さん

るあまり、本人がどんな暮らしをしたいかへのフォーカスがおろそかになることがありました。すると、その方から「わしはウンチをするために生きているのではない！」という発言があり、谷口先生からも強い指摘がありました。とても印象的な出来事でした。

それからも研修にはいろいろな障害をもった方に来ていただき、「本人が何を望んでいるかの思いに行きつくことが重要で、大切な宝探しと同じだ」と強く意識する習慣がつきました。

――価値観の大転換

私は長い間、入所施設で働いていました。自分の仕事のありように、どうにもしっくりこない思いをもちながら、仕事を続けていました。谷口さんと出会って自立生活への取り組みを学び、相談支援事業にも携わるなかで、地域で自立して暮らすことができなければ入所施設の役割が変わらないこと、また今までの自分がなじめなかったことが何であったかに、やっと気づきました。

その結果、ニーズ中心、向かうべきアウトカム、ストレングス、自立の意味等を強く意識し、本人中心の考え方に徹底的に価値観の転換をすることにつながりました。自分がなじめないと思っていることを、一つひとつ変えるために職場の人と一緒に取り組むことが福祉の仕事、自分の仕事と確信したのはこの頃からです。これには、谷口先生の友人の小田島さんや武田さんとの出会いも大きく影響していると思います。

平岡さんは2002年から海釣り体験講座にも参加していました。
2019年9月　京都府立海洋高校　第22回「みんなで海釣り～障害のある人の体験講座」広島から参加した平岡さんたち

4　旭川にいい風を入れてくださった

廣岡輝恵さん（北海道旭川市）・55歳
株式会社ナビ　代表取締役
https://www.support-navi.co.jp/

――初の放課後等デイサービス

私は小規模授産施設のボランティアをしていた20年くらい前に、その施設に見学に来た谷口先生と知り合いました。地域の障害のある子どもたちが土日や祝日に遊べるところがなかったため、自主事業として２０００（平成12）年の秋に、預かり保育を始めました。谷口先生から「廣岡さん、児童デイサービスの制度ができるよ。預かり保育を事業化した方がいいよ」と情報をいただいたのです。親御さんからも要望が強くあったため２００３（平成15）年4月に今の会社をつくり、放課後デイサービスを旭川で初めて開始しました。

谷口さんの厚生労働科学研究にも混ぜていただき研究協力者としてお手伝いしました。北海道は独特の風土があり、旭川はかなり保守的なところです。他の地域と違うところがあるので調査の対象として選ばれ、協力の依頼が来たのかもしれません。研究の現地調査では何度も旭川へ来ていただき、あわせて職員研修もしていただきました。

2019年7月　旭川

経営理念

私たちは、
『お客様を笑顔にする』
『家族を笑顔にする』
『自分が笑顔になる』
をモットーに、福祉を実践するプロとして
地域の発展に貢献し、幸せの輪を
広げる活動を実践します。

2007年3月　冬の旭川観光の一コマ

――現場で困ったら僕を使え

谷口さんは旭川にいい風を入れてくださいました。２００９（平成21）年度に自立支援協議会が立ち上がりました。それまで、旭川の役所とは机を叩いて喧嘩するという構図でしたが、自立支援協議会ができてからは私たちが役所の懐に入り、情報交換をして一緒に考えるようになりました。現在も旭川の役所と福祉関係者の風通しは、たいへん良好です。谷口先生にアドバイスしていただいたおかげです。

谷口先生はいろいろなところに行っておられるので、「行政マンの中にキーになる人がいると動く、パイプを誰につなげたらよい方向に動くか考えてやるといい」とおっしゃっていました。私は旭川で初めてのデイサービスを始めていたので、自分の実践がスタンダードになりました。役所と話を詰めながら進め、先生に言われたように喧嘩をしないよう努めてきたからです。そしてもう一つ、これができたのは地域の違いを考えて進めたからです。同じ制度でも地域が違えば同じようには進まないのです。旭川ではどうやったらいいか、考えてやってきました。

谷口先生からの情報があったことにより、自分の中で確信をもって進めることができました。さらに谷口先生は「現場で困ったら俺を使え」とおっしゃいました。心強い後ろ盾でした。

谷口先生はめげない人です。壁が高いほど困難に立ち向かっていく人です。あきらめない人、ニコニコしながら上手に喧嘩ができる人です。それが自分のことではなく、みんなのためにやっているのです。

5 谷口先生のエールで社会福祉法人に

蓑部義彦さん・千鳥さん（宮崎県都城市）
義彦さん（63歳）社会福祉法人こころ　理事長
千鳥さん（52歳）社会福祉法人こころ　施設長
https://www.kokoro-miyakonojo.com/

――「こころ」の心はひとつ

私たちの息子が障害をもっていたことから、小規模作業所をつくりNPO法人格を取って活動してきました。2009年の都城市福祉ネットワークフォーラムに、谷口先生を講師としてお招きしたのがご縁の始まりです。その後、先生のご指導で2015年に社会福祉法人格を取得し、現在7つの事業所を運営しています。

社会福祉法人の開所式に谷口先生に乾杯の音頭をお願いしました。その時に谷口先生が「『こころ』の心はひとつ！」と大きな声で言われて乾杯したのです。私はその言葉を法人の理念にも書かせていただき、

2019年4月　蓑部義彦さん

谷口先生の励ましの言葉として大切にしています。

――剛史は他人に任せなさい

私は、何も知らないところから福祉のイロハを教えていただきました。弟子のように厳しく指導していただきました。「あかん」とよく言われました。「お母さんになっている。お母さん目線を捨てなさい」と言われ、「目の前に剛史だもの」と反抗したこともあります。「剛史は他人に任せなさい」と言われていました。

これまで、自閉症と重度知的障害がある息子のために、グループホームをつくって自立させようと思っていましたが、最近考えが変わりました。自宅での生活に慣れていて、飲み物も冷蔵庫から一人で出せますし、トイレの場所もわかります。新しい環境になじむのが苦手なので、私たち夫婦が家を出て、彼が一人で暮らせるような在宅サービスをつくっていこうと思っています。

谷口先生はいつもいらしていただける存在でしたので、師を失うことがこんなに大きなことなのかと思う毎日です。谷口先生が研修で紹介してくださった「支えの信条」は、いつも新人職員研修で配布し、会議の時にも読み合わせをしています。

2019年4月　剛史さんと蓑部千鳥さん

「支えの信条」


私の障害を問題として見ないでください。障害は私の一部です。

私を欠陥人間として見ないでください。

私を異常で無力な人間として見ているのはあなたなのです。

私の事を直そうとしないでください。私は壊れてなんかいません。支援してください。

そうすれば私なりの方法で社会に貢献できるのです。

私をあなたの患者として見ないでください。

私もあなたと同じ、市民です。私をあなたの隣人としてみてください。

人はみな人に支えられて生きているという事を忘れずにいてください。

私の行動を矯正しようとしないでください。

静かに聞いてください。あなたが不適切行動と決めつけているものは、私にできる唯一の方法であなたに何かを伝えようとしているものかもしれません。

私の事を変えようとしないでください。あなたにそうする権利はないのです。

私が知りたいことを学ぶ手助けをしてください。あなたが感じている不安や迷いを、専門家としての距離で隠さないでください。私の声に耳を傾け、私の〝もがき〟を簡単に解決できるかのように、軽く受け流したりはしない、そんな人でいてください。

理論や方法論に私を当てはめようとしないでください。ただ、一緒にいてください。

そしてぶつかり合った時には互いに自らを省みる機会としましょう。

私をコントロールしようとしないでください。人として自分らしく生きる権利が、私にはあるのです。

あなたが不服従や操（あやつ）りと呼ぶ行動は、自分の人生を自分でコントロールできる私にとっての唯一の方法なのかもしれません。

いつも素直で従順で礼儀正しくいることばかり叩き込まないでください。自分を護るためには、嫌な時には嫌だと言えることが必要なのです。

無理に私の友達になろうとしないでください。そんな同情はいりません。

私の事をよく知ろうとしてください。そしたらいつか友達になれるかもしれないね。

例えそうする事があなたの気分を良くするとしても、勝手に私を助けようとしないでください。

手助けが必要かどうか聞いてください。私から、あなたが私に手を貸せる方法を教えてあげます。

私を称賛しないでください。

精一杯生きようとする事は、特に崇拝されるようなものではありません。

私を尊重してください。尊重の前提には対等があるから、指示したり、矯正したり、指導したりしないでください。聴いて、支えて、後をついてきてください。

私は料理されるだけの鯉じゃない。

あなたと私、同じ水に棲み、共に生きよう。

今は亡き、トレイシー・ラティマーに捧げます。

6 ターニングポイント

桑原英一さん（宮崎県延岡市）・65歳
有限会社はーと介護　代表取締役
https://www.heartcare.link/

――ロス研修の学びをカタチに

谷口さんとは2005年、宮崎に講演にいらした時にお目にかかったのが最初です。その頃は職員8名くらいで、介護事業所を運営していました。

2009年、谷口さんに誘われてロサンゼルス研修に参加しました。そして、この研修旅行に感銘を受け、事業を拡大、放課後等デイサービス「はーとラーニングプレイス」などの施設をつくりました。これが「有限会社はーと介護」のターニングポイントとなったのです。現在は、職員数100名の大所帯になりました。

この研修で私が心惹かれたのがマイケルズラーニングプレイスでした。発達障害の娘さん、マイケルを亡くしたエドさんが、発達障害の子どもたちをサポートするためにつくった事業所で、子どもたちの潜在的な可能性を開発するための、楽しいプログラムが提供されていました。わたしは感激し、これと同じ事業を日本でもやってみたいと思ったのです。

翌年、延岡市でこの視察研修について発表する機会をいただきました。それがきっかけとなり、銀行から土地や建物を準備するための融資を受

2009年3月「谷口明広と行く！　ロサンゼルス研修旅行」に参加した桑原英一さん。

けることができるようになったのです。市からもご協力をいただき、「スマイルハートホーム」「スマイルハートホームⅡ」を建設、障害をもつ子どもたちのための「はーとラーニングプレイス」などの事業を始めました。

今後は社会福祉法人格を取得して、空いている裏の畑に、多機能型の障害福祉サービス事業所を新たにつくる計画をしています。谷口さんと一緒にアメリカで学んだことを、これからもカタチにしていきたいと思っています。

2019年4月　桑原英一さん、町子さん

はーとベーカリー：1日の売り上げ目標数は1000個、高速道路の出口に近い道路に面しており一般のお客さんに人気の店です。

スマイルハートホームⅡの2階：アメリカの施設をまねた、体育館と感覚統合ルームがあります。さらに3階にはプールも作られており、利用者さん一番の人気プログラムになっているそうです。

7　強烈な台風の目

高橋尚希さん（愛知県安城）・47歳
NPO法人こすもす畑　理事長
http://www.cosmos-batake.or.jp/

―大好きだった谷口先生

谷口先生は、今も心の中で生きています。僕は谷口先生が大好きでした。

先生が熱中症で一度死にそうになられた2010年は、僕がサービス管理責任者研修の講師になる、前の年でした。翌年、元気になった谷口先生と愛知県のサビ菅研修で一緒に講師をさせていただきました。

僕はこういう熱くなる性格なので、谷口先生にはすごくかわいがっていただきました。「熱中症から僕のために生き返ってくれた」って思ったくらいです。

研修が終わった後は、必ず名古屋にくり出して飲んで、すごく熱く語り合いました。先生の考えは僕の考えとシンクロする部分が多く、京都にも呼んでいただきました。楽しくて何回も笑いこけて死ぬかと思ったくらいです。愛知淑徳大学の学生さんに話をする機会や、虐待防止研修の講師に推薦していただいたりしました。

――「何のためにやっていると思う？」

12年前に入所施設をやめて、この「こすもす畑」を開設しました。入所施設には、子どもの頃の体験不足で、大人になっても誰かがいないと何もできない入所者がたくさんいました。体験不足で自信がない、自信がないから自己選択・自己決定ができない。自己選択する機会がないから自己責任を負う機会もない。この負の連鎖を止めるためには、子どもの頃からいろいろな体験をすることが必要だと思いました。

児童デイサービス（現在の放課後等デイサービス）と、ヘルパーステーションを同時に立ち上げました。屋内と屋外の二本立てで、余暇活動や交通ルールなどの体験を積んで、地域で生きていく力をつけてもらおうと始めたのです。しかし、制度内では行事ができないのでお泊りレスパイト、緊急一時レスパイトの私的サービスも始めました。どうしても、この三つは社会で生活していくのに必要なサービスなのです。その後、卒業後の行き先となる生活介護事業も行うようになっています。

僕は現場の叩き上げで、自分なりに感じてきたことや、勉強してきたことがバラバラなパーツ状態だっため、自信がありませんでした。谷口先生と出会ったことで、全部が整理されて、パーツが組み合わさってつながりました。やっと全体が見えてきました。「何のためにこれやっていると思う？」谷口先生の問いに、一つひとつの理由を考えていくと、ちゃんとつながるのですね。自分がやっていることの意味が理解できました。それからは世界が全然違うし、考えることや、やっていることが楽しくて仕方なくなりました。

――「幸せのらせん」

「自分はすべてのものに生かされている。だから、僕はすべてのものに対して自分のできることを精いっぱいしていきたい」と思うようになりました。そういう福祉の根幹部分を、一緒に過ごした谷口先生との時間から学ぶことができました。谷口先生は言葉で言わなくても普段の生きざまで体現しています。だれにでもすごくいい笑顔で答え、全力で相談に乗っていました。そういう生きざまは僕の中で、自己超越した自己達成、6段階があると言われるマズローの6段階*に達しているんじゃないかなと思うほどです。

そういう人と一緒にいると当然ですが、こちらも幸せになれます。「幸せのらせん」と僕はよく言うのですが、自分がかかわっている人は、みんな自分の影響範囲にいると思っています。自分が「よいらせん」を回していれば、周りの人たちもその渦に巻き込まれて「よいらせん」を回し出すのです。これが最終的に広がっていって、地域福祉になるということです。僕のその「幸せのらせん」の台風の目が、谷口先生です。だから、僕の中ではスピリッツ的存在なんです。その存在そのものに巻き込まれたいと思うし、影響や感化や笑顔を受け取って、それを自分なりに噛み砕いて、自分の周りの人たちにいい影響を広げていきたい。

谷口先生は僕にとっては一番中心の人です。今までに会ったことのない人。強烈な台風の目です。

＊マズローの6段階

「自己超越の欲求」個人の利益を超えて、純粋に国やコミュニティのために貢献したいという利他的な欲求。

――谷口先生のようになりたい

僕の中には今も谷口先生がいて、「今の日本の福祉をどうしていきたいのですか？　本人さんたちは、それぞれどう生きていきたいと思っていますか？　高橋さんはどう生きていきたいですか？」と笑顔で問いかけます。

僕はまだまだ足りませんが、僕が感じた、谷口先生と一緒に過ごさせていただいた「幸せな時間」、それと同じような幸せな気持ちを、僕の周りの人たちにも感じてもらえるような人になりたいと思っています。男とか女とかではなく、上とか下とかでもなく、障害者だとか健常者だとかでもなく、人と人として、気兼ねなく笑いあえる。そして、お互いに大切に思える。そんな理想的な時間をつくりだせる、谷口先生のように、僕はなりたいです。

2 大砲は届くところから撃て
——京都府参与、厚生労働省委員として

谷口さんはエド・ロバーツさんの「行政と喧嘩するな。そこにすごくエネルギーを使うのなら、一緒に協調して仕組みをつくっていけ」という教えを実践していました。障害のある学識経験者として、京都府や厚生労働省の職員とともに障害福祉政策づくりに取り組んだのです。

〈厚生省、厚生労働省関係で就任した主な委員等〉

・障害者ケアマネジメント体制整備検討委員会　障害者ケアマネージャー養成指導者研修検討委員（厚生省、1999〜2000年）
・相談支援事業等のあり方に関する検討委員会委員（厚生労働省、2002年）
・障害者（児）の地域生活支援のあり方に関する検討委員会委員（厚生労働省、2003〜2004年）
・障害者ケアマネジメント従事者上級者研修運営検討会委員（厚生労働省、2003・2005年）
・障害者ケアマネジメント従事者指導者養成研修運営検討委員会委員（厚生労働省、2004〜2006年）
・相談支援従事者指導者養成研修運営検討委員会委員（厚生労働省、2006〜2007年）など

〈京都府・市関係で就任した主な委員等〉
・京都市障害者生活支援事業連絡協議会理事長（2001年〜）
・京都地方障害者施策推進協議会（現・京都府障害者施策推進協議会）委員（2003年〜）
・京都府参与・障害者自立支援計画（アクションプラン）担当（2004年〜）
・京都府指定管理者制度選考委員会委員長（2006年〜）
・京都府障害者介護給付費等不服審査会委員長（2006年〜）
・京都府障害者相談支援事業等特別アドバイザー（2008年〜）
・「ほっとはあと製品」応援事業プロジェクトチーム（工賃倍増5ケ年計画）委員会委員（2008年〜）
・京都府身体拘束防止推進会議障害者部会部会長（2009年〜）
・障害のある人もない人も共に安心していきいきと暮らせる京都づくり条例(仮称)検討会議座長代理(2012年〜)
・京都府障害者相談等調整委員会会長（2015年〜）など

――京都に谷口あり

2004年、谷口さんは知事に直接アドバイスをする京都府参与に就任しました。谷口さんは参与であることを誇りに、全国各地への講演で多忙な中、地元京都府の、障害福祉に関する委員会の委員をたくさん務めていました。その中でも、障害者施策推進協議会は障害福祉の一番格上の会議で、いろいろな障害者施策の最終決定の場でした。会長が同志社大学の岡本民夫先生で、谷口さんは副会長という役職にありました。岡本民夫先生は博士論文の指導教授だった先生で、谷口さんにとっては、大学院時代からずっとお世話になっている人でした。

1　行政と当事者の橋渡し

山田康之さん（京都府健康福祉部障害福祉）・51歳
京都府健康福祉部障害福祉課地域支援・企画担当　主幹兼係長

――名コーディネーター

２００９（平成21）年から6年間、障害福祉の担当になった時に一緒にお仕事させていただきました。その当時から、谷口先生は京都府の研修の講師だけでなく、他の講師のコーディネートをしていただいたり、演習方針を指南していただいたりと、研修全体のコーディネーターとして関わっていただいていました。また、身体拘束の防止推進に関する取り組みでは、実態調査の業務と、とりまとめ方策の検証に協力をいただきました。障害福祉の施策では、学識経験者として谷口先生に相談することが多かったように記憶しています。

その後も私がいる間ずっと人材育成の研修もお世話になっていました。また、ご自宅にもよく呼んでいただいて、公私ともにお世話になっていました。

――行政と当事者の橋渡し

都道府県になると、窓口業務での当事者とのかかわりは市町村ほど多くありません。そのため、当事者のニーズがつかみ切れないこともあると思いましたが、谷口先生は上手にその橋渡しをしてくださいました。先生に相談したりお話を聞いたりすることによって、当事者のニーズや思いが我々に理解しやすく伝わってくるのです。

府の自立支援協議会や会議の場でも、行政、当事者、支援者、学識経験者というような構図で話をさせていただきます。当事者の方の発言を、谷口先生はよく汲み取って、解釈してとりまとめていただいて、とてもありがたかったです。ご家族や当事者との意見交換の中で、要望のウエイトが大きくなってくると、行政担当との間で話が硬直化してしまい、「できます」「できません」という形になりがちですが、谷口先生は「ニーズはこういうことですね」とか「大事なところはこういうことですよね」などと、主訴や課題を上手に整理していただいて、たいへん助かりました。谷口先生は多くの行政の会議などの委員をお務めでしたが、当事者の思っていることを上手に汲み取って、我々に伝えることにたいへん長けていらっしゃるなと思いました。

――心に残る言葉

「できないこと探しは本人のために全然ならへん、ワクワクするようなプランをつくらんとあかん」「同じ支援計画を何年も繰り返して、この人は10年も経ったらどうなるの？　小さい目標をどんどん達成して、新しい計画をどんどんつくらないと。できることも、やりたいことも、変わっていって当たり前なんだ」。先生が研修でよく話されていた言葉です。

先生はまた、自分で歩くことだけを目標とすることを、よしとされていなくて「車いすに乗っていても楽しい生活の仕方はある。介助してもらって、車いすでどこにでも出かけられるから、自分の足で無理して歩かなくてもいいよ」と話して、「一人で苦労してがんばりなさい」どころか「がんばりましょう」とも言われたことはありませんでした。谷口先生と研究所の若いお兄さんたちとの楽しい様子を見ていて、先生のめざす社会はこういうことなんだと思いました。

――明るくポジティブな共生社会ができたら

谷口先生には、幼少の頃の経験でつらかったことや大変だったこともあったと思うのですが、障害があることを、決してネガティブに捉えておられませんでした。先生のお話を聞いていると、行政の者も当事者も前向きな気持ちになれるのです。そういうところが谷口先生の一番の魅力で、先生を慕われる方がたくさんおられる理由だと思います。

当事者や支援者の悩み事をよく理解したうえで、アドバイスをいただいていました。「みんな環境がそれぞれ違うんでしょうが、その中でご本人さんのためにしてあげられることは何があるのか？」と、僕たちに進むべき方向、矢印のようなものを提案していただきました。

先生の体は、脳性まひで、ほとんど動きがない状態でしたが、少なくとも我々には不便を感じさせないように接していただいていました。ご自身がめざしていらっしゃる状態像と、みんなになってもらいたい環境の両方を示しておられたのではないでしょうか。本当に、障害があるということを気にしないで、一緒にいられる時間を共有させていただきました。それが谷口先生とだけではなくて、社会全体に広がっていけばいいなと思っています。

私は今も障害行政におりまして、口に出しては言いませんが「谷口先生ならこれをどのように考えられるかな？」と思うことがしばしばあります。谷口先生は障害福祉の仕事について一番影響を受けた人で、私にとっての基準点のようになっています。一足飛びではないけれども、谷口先生が思い描かれていたような世の中に、少しでも近づいていったらいいですね。京都府の施策も、そういうふうに進めていきたいと思っています。

障害があってもなくても、みんな一緒の共生社会が実現するのを、谷口先生はめざしていらっしゃったんだろうなと思います。

すべての人の胸に夢を

谷口 明広（自立生活問題研究所所長）

大学院在学中、研修でアメリカに1年間滞在したことが私の転機でした。そこで私が目にしたのは、障害のある人が地域でいきいきと生活している姿。重度の障害があっても、大学に通ったり、ショッピングやドライブを楽しんだり。一方、日本では、障害のある人は苦労しているから価値がある、頑張って生きているから美しい、そんな雰囲気が、まだまだありました。でも、そうじゃない。障害があったって、もっと自然体で、ありのままに生きていい。そのためには、目標や夢を持つことが何より大切なんだ、ということに気付いたんです。そこで、京都に戻ってから、障害者の自立のためのシステムづくりを研究するようになりました。

しかし、現実には、長年、障害者施設で暮らし、今更夢を語ることすら悲しいという人がいます。また、車いすでお寺は無理だからと、京都への修学旅行に連れて行ってもらえなかった子もいます。京都には、東本願寺や二条城など、スロープがあって車いすで行ける所がいっぱいあるのに。

でも、こんな現実があるからこそ、私は、障害のある人が夢を語れる社会を実現したいと思っています。お寺でもディズニーランドでも、行きたい所へ行って、みんなもっと人生を楽しもうよと言いたい。障害があっても結婚したり、子どもを持ったり、幸せを求めていこうよと言いたいのです。

誰もが可能性を求めて生きていける社会、楽しく暮らせる社会を創りたい。そのために、全国を駆け巡る日々です。と同時に、私自身も、大いに人生を楽しみたいと思っています。

『京都シティグラフ』京都市発行（2003年10月より）

谷口　明広（たにぐち　あきひろ）
生後間もなく脳性麻痺になり、車いすの生活となる。昭和57（1982）年、同志社大学大学院時代に渡米。バークレー自立生活センターで、障害者の自立生活支援制度を学ぶ。帰国後、研究所を設立。論文執筆のほか、講演会、シンポジウム出演など、精力的に活動。現在、自立生活支援センター「きらリンク」事務局長も兼任。

2 支援費をつくった時の戦友

小田島 明さん（元厚生労働省専門官）・62歳

元厚生労働省社会・援護局障害保健福祉部障害福祉課障害福祉専門官　（1999年～2004年）社会福祉法人浴風会認知症介護研究・研修東京センター運営部長（2017年～）

―― 出会い

最初の出会いは、1999年に厚労省障害福祉課の専門官になった時の、戸山サンライズの相談支援関係の研修でした。あの性格ですから「同年代」ということもあり、すぐ意気投合しました。彼のもっている経験と知識と人間性、何というのか自然に入っていける、すごく魅力のある人でした。

谷口さんとはお互い気をつかわずに話をすることができました。私には知的障害をもつ兄が二人おり、それぞれの生きざまを大事にしていました。当事者の中には「親兄弟は敵」という考えがある中で、「いえいえ、そうじゃないんじゃない、兄弟の立場で言わせてもらうとこうでしょ」と本音で話をすることができました。兄弟という立場としての私の気持ちを、受け止めてくれました。そういうところでも気持ちのつながりを、感じていたのです。

―― エド・ロバーツさんの薫陶

本当にそうであるかわかりませんが、谷口さんは「自分が日本の障害者としてエド・ロバーツの薫陶を受けた最後だろう」と自負していました。「行政と喧嘩するな。行政と喧嘩してエネルギーをすごく使うのだったら、

喧嘩せずに一緒に協調しながら制度などをつくっていくほうが建設的だ」と言われたそうです。「だから厚労省の仕事もしているんだ」というような言い方をしていました。これは戦略なのであって、厚労省の考えに迎合しているわけではない、と私は思っています。

——支援費制度で24時間ヘルパーを制度化

谷口さんを発掘したのは、私の前任の専門官でした。１９９８年の障害者のケアマネジメント指導者研修から講師をしていただくようになりました。その頃は社会福祉基礎構造改革が動いていましたから、厚労省も当事者主体というのを全面に出して、必ず当事者の方に発言してもらっていました。その波に乗って登場していただいたのが谷口さんで、当事者であると同時に、学者・研究者として客観的な立場を持ち合わせた方としてお願いしていたのだと思います。

厚労省もあの頃は、社会福祉基礎構造改革を受けて障害者施策に支援費制度を導入しようと思っていました。それが理念先行のため、結果的に2年でぽしゃってしまいました。

２００３年1月、支援費制度が始まる直前に、障害当事者の人たちに厚労省が囲まれる事件がありました。私は1週間、障害福祉課に寝泊まりしていたのですが、谷口さんが心配して連絡をくれたのです。法務省の近くで会って「こんな状況だよ」って話をしました。谷口さんも「近づくとやばいから近づかない。でも心配だから来てみた」と会いに来てくれたのです。

支援費制度で24時間ヘルパー（全身性障害者介護人派遣事業）を身体障害対象に制度化できました。この制度については、谷口さんの協力を得て「必要だよね」「こんなことしたらどうかね」と一緒に考えていたのです。

結果的にはそれが支援費制度に反映されました。知的障害について支援費制度では対象にならず、後のグランドデザインの中で反映されていくのです。それはまさに、エド・ロバーツさんの薫陶があって、谷口さんが私なんかに協力してくれたからできたことなのです。その後何年か経った時に「この人はね、支援費をつくった時の戦友だから」と私を紹介してくれました。

谷口さんは２００７年の「相談支援従事者指導者養成研修運営検討委員会」を最後に、厚労省の委員には呼ばれなくなりました。谷口さんはそれに対して一言も文句を言いませんでした。「また何かあれば、言われた時にはやるよ」という姿勢の人だったのです。それを変に臥薪嘗胆（がしんしょうたん）というわけではなく、ニコニコして他のことをいっぱいして、違う方法で自分の考えを伝えていきました。

――当事者として仲間を大事にしていた

厚労省の委員をしている頃、制度のことで他の当事者団体の人と亀裂が生じているように見えましたが、谷口さんは同じ障害をもつ当事者として仲間を思う気持ちはすごくありました。ある障害者団体の全国組織の会長が変わる時、「就任の打診があった」と相談を受けたことがありました。谷口さんの主張と必ずしも一致するとはかぎらない団体を、まとめていくことは苦労の多いことです。しかし、谷口さんは真面目に受けるかどうか迷っていたようです。「でも谷口さんそれやったら大変じゃない、めちゃくちゃ忙しいよ」「そうだよね。やめよう」ということになって、その依頼は受けませんでした。

表面的に対立しているように見えても、彼は当事者としての当事者性を、考え方の違いぐらいで切り離すということはありませんでした。障害のある人だという点に関しては、すごく真摯に向き合うという、仲間意識があったんだろうと思います。

――「夢を実現させるための九カ条」

谷口さんが亡くなって、気が抜けたようにボーとしていた時に、私は谷口さんが書いた『自立生活は楽しく具体的に』の本を全部ワープロで打ってみました。「何言いたかったんだあいつは、こんなこと言ってたなぁ」とか思いながら打ちました。この本を改めてみると谷口さんの根っこはここに全部あると思いました。

特に、「夢を実現させるための九カ条」は彼の強烈な生きざまのメッセージだと思います。

最後の「感謝しろ」もそうでした。メールの最後にも、いつも「ありがとうございます」と書いてありました。何かの時には常に言葉に出して言っていました。そこがまさに「相手を気持ちよくするには書いたほうがいいじゃん」という、彼の人との接し方の基本でした。それを守って、ずっと変わらずに最初からやっていました。元もとの彼の性格に加えて、エド・ロバーツさんとの出会いが谷口さんの今をつくっているのだろうなと思いました。そうでなければ、武田さんとか土屋さんなど、芯のしっかりしたひねくれ者が「先生」って呼んだりしないですよね。

3 ゆめ王国「谷口明広と行くロサンゼルス視察研修」
──アメリカへ勉強しに行きましょう──

京都新聞社会福祉事業団主催の「車いす自立への旅」に協力していた谷口さんは、自分でも障害のある人を対象とした「あおぞらツアー」を主宰するようになりました。その後、阪神航空株式会社（現株式会社阪急交通社）の松岡佳代さんと一緒に「谷口明広と行くゆめ王国ツアー」としてロサンゼルス、ハワイ、グアムへと、障害のある人とその家族のための海外旅行を実施するようになったのです。

やがて遊び中心だった海外ツアーは谷口さんの発案で、施設の支援者や管理者、そして障害のある人を対象とした「ロサンゼルス視察研修ツアー」に形を変えて、実施されるようになりました。全国各地を回って講演していた谷口さんは、ロサンゼルスの

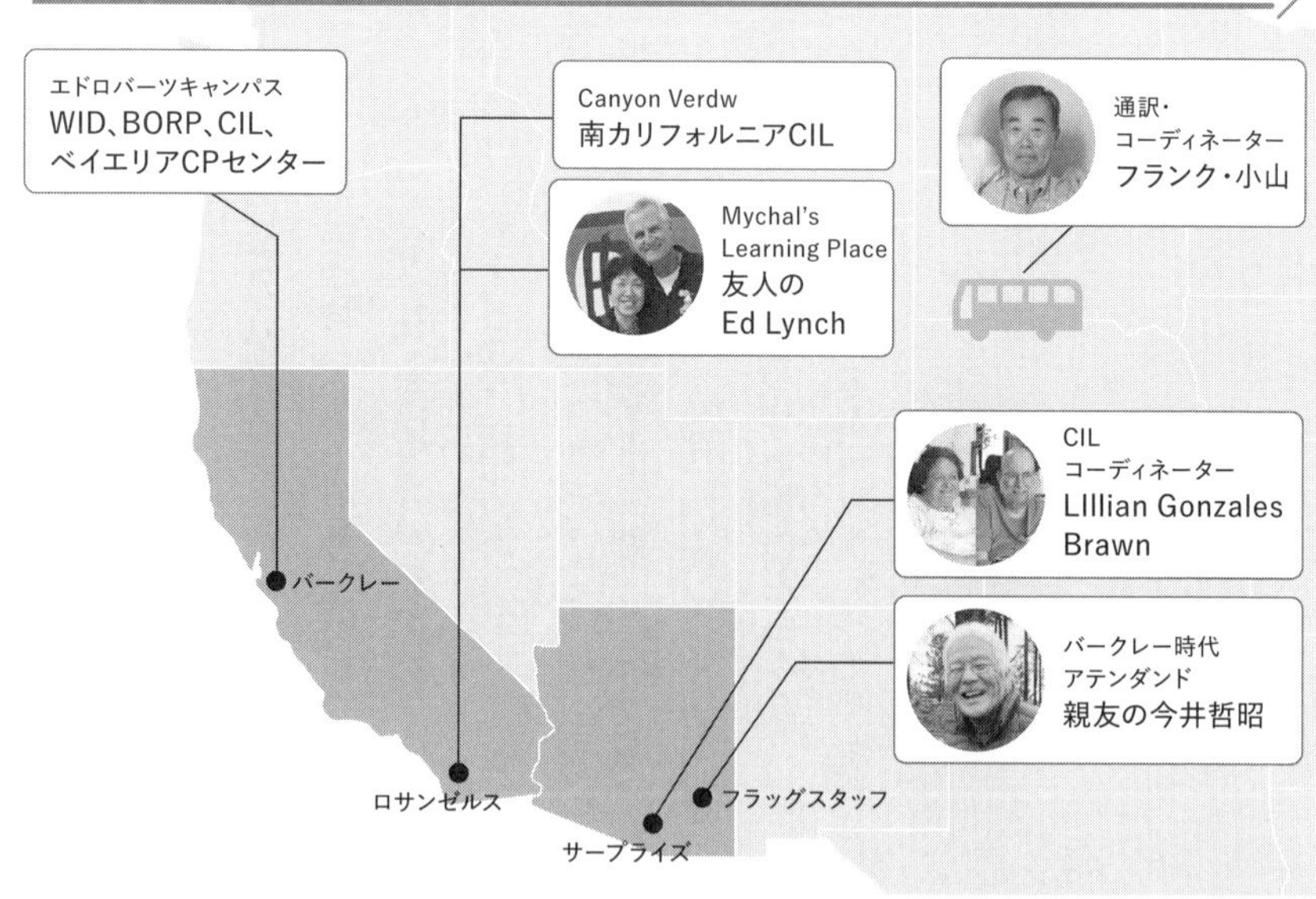

2009年3月	谷口明広と行くロサンゼルス視察研修ツアー
2012年3月	ゆめ王国「谷口明広と行くロサンゼルス視察研修ツアー」
2013年9月	ゆめ王国「谷口明広と行くロサンゼルス視察研修ツアー」
2015年11月	ゆめ王国「谷口明広と行くロサンゼルス視察研修ツアー」

先進的な実践や障害福祉制度を各地の支援者たちに見てほしいと思ったのです。

このツアーに参加した支援者の中には宮崎県の桑原さんのように、見学先の事業内容に感動して、日本に戻ってから同じような福祉事業を始めた人も出てきました（１１４ページ参照）。

また、このツアーには障害のある当事者もたくさん参加していました。谷口さんは若い障害者に刺激を与えたいとよく話していました。「サービスがどんどん整ってきているので運動とかしないし、多くを求めなければ公的サービスでこぢんまり生活できちゃう時代になった。若い子たちがこぢんまりしちゃうのですよね」

と危惧していました。「愛の輪」のグループ研修をコーディネートしていたのと同じように、谷口さんの根底には、若い人たちを育てるのが自分の仕事だという思いがあったのでしょう。

1 普通だったところが先生の魅力

松岡佳代さん ㈱阪急交通社)・57歳
株式会社阪急交通社
法人団体営業本部西日本営業部大阪団体店

――はじめて会った車いすの人

私と谷口先生との出会いは今から25年ほど前で、ちょうどみずほさんと結婚された後でした。当時谷口先生と組んでバリアフリー旅行をやっていた旅行社の担当者に、「おもしろい人がいるから一緒に飲みに行こう」と誘われて、谷口先生とお会いしたのです。車いすの人とご一緒するのはその時が初めてでしたが、障害をまったく意識せず、楽しく谷口先生とお話をして食事をしました。最初が谷口先生だったおかげで、違和感なく障害のある方たちの世界に入れたのです。その旅行社がバリアフリー旅行をやめることになった時、谷口先生から声をかけられ、引き継ぐことになったのです。

――介助は当たり前

「谷口明広と行くゆめ王国ツアー」の第1回はロサンゼルスに行きました。8人しか参加者が集まらず予算が足りなかったため、添乗員は私一人でした。障害のある人と一緒にツアーに行くのは初めてでしたので、いつものツアーのようにスーツを着て行ったのです。参加した車いすに乗った女性から介助を頼まれて、ボランティアさんと一緒に介助をしました。これが障害のある方の介助をした最初で、障害のあるご本人から介助の仕方についていろいろ教えていただきました。この時のツアーがとても楽しくて、先生と行くバリアフリー旅行に、はまってしまいました。

２回目はハワイに行きました。この時は参加者が30人以上集まり大所帯でのツアーとなりました。知的障害のある方とそのお母さんの参加もあり、初めて知的障害のある方にお会いしました。谷口先生には障害のある人への対応や介助の仕方をいろいろ教えていただき、これが私のバリアフリー旅行の基礎となったのです。

現在、バリアフリー旅行は我が社の看板ツアーです。有料老人ホームや障害者施設から定期的なお仕事をいただいています。みんな谷口先生から教えていただいたことから始まったのです。障害のある参加者の介助をお手伝いすることも、私としては特別なことではなく、一緒に旅行に行く者として、当たり前のこととしてお手伝いさせていただいています。

Los Angeles視察先。Canyon Verde Day Activity Center Pamさん、谷口さん、Nancyさん

ゆめ王国「谷口明広と行くロサンゼルス視察研修ツアー」右上はしが松岡さん

――不思議な力

谷口先生は、なぜだかわかりませんが人を惹きつける魅力をもっている方だと思います。何か問題や反省することがある時でも、前向きなことしかおっしゃいませんでした。「次はこうしてみようか」とか「問題があったらこうしてみたら」という形で話をされるのです。また常に、遊び心やユーモアをもたれていて、難しいことも楽しくできるようにされていました。

車いすに乗っておられましたが、普通だったことが谷口先生の魅力だと思います。ストローでビールを飲むのにもびっくりしましたが、飛行機の中で、いすに座れないくらい酔っ払って床に座っていたこともありました。介助者の岡本さんは大変でしたけれども、障害があるからと遠慮することなく、平気で普通にやっているところがすごいと思いました。

先生は亡くなってしまいましたが、今も先生のことが話題になると、なぜか、みんなが笑顔になります。だから、先生のことを思い出しても泣かないのです。いいことばかり思い出します。思い出すと楽しくなるのです。誰と話しても先生の笑える話しかありません。そんな人はいないと思います。

もう一つ、先生のご縁は先生がいなくなっても切れないでつながっていることです。普通は核になる方がいなくなってしまうと、ご縁もなくなってしまうのですが、今もどこかでみなさんとつながっているのです。そこがとても不思議な気がします。

私の人生で、先生に会えて本当によかったと思っています。

2　障害というレッテルのない社会をめざしていた

エド・リンチさん（アメリカロサンゼルス）
Ed Lynchさん Mychal's Learning Place Executive Director/Founder

「マイケルズラーニングプレイス」は障害をもった子どもを亡くした父親、エド・リンチさんが設立し、学齢期の障害児を対象としたアフタースクール（放課後活動）や宿泊プログラム、成人した障害者を対象としたアダルトスクールを提供しています。「この子どもたちは、社会が思うより遥かに高いレベルの生活を送ることができる」ということを理念として活動しています。ロサンゼルス視察で、ここを訪れた谷口さんはエドさんと意気投合して、親友になりました。

——共鳴する考え　（通訳　フランク・小山さん）

谷口さんがよくここに来たのはマイケルが好きだったからだと思います。心地よさを感じたのではないでしょうか。

それは考え方の基本的なものが同じだったからです。脳性まひは一つのレッテルであって、中は普通の人と同じです。レッテルで決めることに問題があり、レッテルによって制限するのはおかしいと思っています。

私も鈴木さん（著者）も、子どもを亡くしたことが一つのエネルギーになって施設をつくる力に変わりました。谷口さんも小さい頃から特別

な障害をもって、できないことがいっぱいあったと思います。できないことを乗り越えて「障害が何なんだ」と普通の人生を歩もうとやってきました。その力を尊敬しています。

そのほかにも、谷口さんの話と共鳴することがあります。政府に対して反発しそれと闘っていくという感覚も好きだったところが、余計に強いつながりをつくったのではないかと思います。谷口さんとは同年代ですが、自分は子どもを亡くして闘って今になっている、谷口さんは生まれた時から障害で闘ってきた、極端な境遇や考え方が似ており二人は共鳴することになったのではないかと思います。

2014年京都　来日したエドさんと谷口さん

—— ロス研修の目的

以前、ボルチモアワークショップという入所施設の中にある、何十人も働いているワークショップを見学に行ったことがあります。「谷口さんは入所施設が大嫌いなはずなのに、どうしてこんな所に行くの？　何を日本にもって行こうとしているの」と厳しい会話になりました。谷口さんは笑いながら「アメリカにもこういう酷いプログラムがあることを知ってほしかったんだ」と言いました。良いもの悪いものの両方を見て、良いものはどうしたらそうなるのか、悪いものもアメリカでどう変わっていくのか、その変化を見るのが彼の研究だったのではないでしょうか。マイケルは毎年毎年変わっていきますけれども、15年前も2年前もやっていることがほとんど変わっていないところもあります。だから、毎年来てその変化を観察していたのだと思います。

彼のミッションは、アメリカに来ていろいろ学んだことを日本に持ち帰り、各地で話をして、日本の障害者福祉を変えたかったのではないでしょうか。障害者の文化を変えていこうとしていました。日本で谷口さん自身が自立生活を始めて、その経験をもとに自立生活を広めました。そして、それを受け継いでいる人たちが全国にいます。彼のメッセージが今も生きていることがその証しだと思います。

谷口さんの最終目的は、障害というレッテルがなくなり、障害者も健常者も同じレベルで生活できる社会をつくることだったと思います。

マイケルズラーニングプレイスは、この地域に住んでいる人だけしか利用できません。私はマイケルを運営することによって、この地域の人たち、障害をもつ人たちも含めてすべての人たちに言いたいのです。「障害者である、車いすであるというのはレッテルであり、それをはがしてほしい。そして、みんなに自分は人間なんだ、レッテルで見ないでくれ。チャンスを与えられれば何でもできるんだ」と言ってほしい。みんなに、限りない可能性を常にもっていてほしいのです。

マイケルズラーニングプレイスは、この地域でやっていますが、谷口さんはこれを国ベースでやっていた。全国に影響を与えようとしていた。そこが、彼をすごく尊敬するところです。全国に、レッテルのない社会と個

エドさんご家族と谷口さん、岡本さん、村井直樹さん

ロサンゼルス　マイケルズラーニングプレイス。左から岡本さん、エドさん、谷口さん、小山さん、村井さん

人をつくって生活できるようにするビジョンを、一生懸命唱えたのではないでしょうか。そして谷口さんのビジョンを受け継ぎ、実践している施設が各地に誕生しています。カタチに残っているのです。障害というレッテルがなくなった社会が理想の社会です。

4 先生はいつも全力でした。研究も、教育も、楽しいことも。
——大学教授に就任

2004年 愛知淑徳大学医療福祉学部福祉貢献学科教授就任

愛知淑徳大学は名古屋市の隣の長久手市にあります。谷口さんは、月曜と火曜日を出勤日にして、1週間分の授業を2日で行う契約を大学と結んでいました。教授会への出席や校務分担をもたないで授業に専念する契約です。他の日は各地の講演や研修に充てるためでした。1日3〜4コマくらい担当していたので、多い日は6時間くらい授業をしていました。当時、同僚だった永田祐先生が「疲れないのですか？」と聞くと「しゃべるのは好きだから、苦にならない」と笑っていたそうです。

月曜日の朝出勤し、名古屋で一泊して火曜日にも講義をして、普通なら自宅のある京都に戻るはずですが、谷口さんはそのまま、東京や次の講演先へ移動することが多かったそうです。自宅に戻るのは日曜日になってからということも多く、忙しい毎日でした。

出勤した日の谷口さんの研究室は、いつも学生さんでいっぱいでした。勉強や進路の相談だけでなく、昼食を食べに来る人たちもいて、たいへんにぎやかだったそうです。

谷口さんの担当していた講義は、社会福祉専攻の専門科目の他に谷口さん独自の科目がありました。地域生活支援サービス論、社会福祉時事問題論、福祉対象者とセクソロジー、マイノリティ運動論、などです。特にマイノリティ運動論は「自分のやりたい科目だ」と話していました。谷口さんが亡くなってからは、これらの科目を講義できる人がいないということで、今はなくなってしまいました。

マイノリティ運動論の授業計画目標には、次のように書かれています。

「社会福祉の援助者が対象とする人たちは、マイノリティ（少数派）と呼ばれています。マイノリティ運動の歴史や現状を知ることは、福祉の基本であるソーシャルアクションを知ることになります。黒人問題、インディアン、女性問題、障害者問題、特定疾病、ＨＩＶ、難民、平和問題などに触れ、権利獲得に向かって展開してきた社会活動を検証しながら、少数派の人たちの主張がもつ姿勢や、体制に対するエネルギーを学んでいくことを目標としています」

「明広先生は社会福祉だけではなく、広く社会で利用できる知識を身につけることをめざして、一人の人間としてどうしていくべきか、社会の問題をどう捉えるか、ということを大事にしていました」と黒川文子先生は語っています。

2009年3月19日　愛知淑徳大学卒業式の日に

追悼文集

追悼文集は谷口さんが亡くなった後、当時の学部長の白石淑江先生の声かけでつくられました。

「障害者であっても、健常者であっても、自立のためには努力を重ねなければいけない」「先生はいつも全力でした。研究も、教育も、楽しいことも」

谷口さんへの感謝と学びの言葉がつづられています。

亡くなったあとに1科目だけ、谷口さんの講義の試験が残っていました。谷口さんの試験には、最後にメッセージを書く欄があり、学生さんたちは泣きながら、メッセージを書いていたそうです。

学生の心に残る授業をして、学生に慕われ、頼りにされていた谷口さん。教育者としての充実した時がありました。

1 「経験を積んだ初心者であれ」は私のバイブル

黒川文子さん（愛知淑徳大学）・35歳
愛知淑徳大学福祉貢献学科社会福祉専攻　准教授

――教員はジャケット

先生に初めてお会いしたのは、私が愛知淑徳大学ＣＣＣ（コミュニティ・コラボレーションセンター）に赴任した2008年4月のことでした。新しく開講する障害者支援ボランティア入門の講義を一緒に担当していただきました。明広先生は直前まで大学院生で何もわからない私に、教えることのイロハを教えてくださいました。今でも印象に残っているのは、暑い日に、ジャケットを脱いでTシャツで講義をしている私を見て、先生が「教員はジャケットを着なさい。Tシャツはだめ。襟のあるものを着てください」という、本当に基礎のところから教えていただきました。

また、「学生の反応を大事にしなさい。決まったことやレジメに書いてあることだけを教えるのではなく、経験したことを語れるような人にならないといけない」という教えもありました。

――経験を積んだ初心者であれ

先生に教えていただいたことで一番大事にしていることは「経験を積んだ初心者であれ」という言葉です。「ソーシャルワーカーは経験を積まないとよいワーカーになれないという人がいるが、それが失敗につながることも、相手を傷つけることもある。油断をしてはいけない。ソーシャルワーカーで大切なことは、誰かの支援に向かうときは初心でなければいけないということだ」と、先生はいつもおっしゃっていました。一生残る言葉です。いつも、学生に「恩師から教えていただいた言葉」と言って話しています。「わかったつもりで言ってはいけない。経験があるから前と

大学からの帰り道の風景、徳竹健太郎さん撮影

同じと見てはいけない。研修をしてスキルを高めることが大事。疑問をもつことが大切だ」とおっしゃっていました。私のバイブルです。

先生は仕事には妥協されませんでした。仕事に対する情熱や責任感は人一倍で、体調が悪くても休まれることなく、いつも「大丈夫まだいける」とがんばっていらっしゃいました。火曜の講義が終わると、その日のうちに東京に移動されることはざらでした。本当に全国を飛び回っていらっしゃいました。谷口先生を求めている方を大事にされていたのです。

愛知淑徳大学と言うと「谷口先生のいらっしゃる大学ですね」と言われました。先生は生き字引のような方で、身をもってさまざまなことを教えてくださった、唯一無二の方です。

卒業生・浅井枝里奈さん、
教員・黒川文子さん

2 先生自体がパワー

浅井枝里奈さん（愛知淑徳大学卒業生）・33歳
2005年愛知淑徳大学入学　愛知県立桃陵高等学校教員

――あっという間の90分

谷口先生の講義を最初に聞きに行った時、障害のある人が授業するってどんなんだろうと思っていましたが、話に引き込まれてあっという間の90分でした。それからは自分から質問に行ったり、相談に行ったり、先生の研究室に昼食を食べに行ったりしました。

教員という仕事に就いた今も、大事にしている言葉は「心根」ということです。「心根は、人と人の関係のすべてについて大切なことだ」と先生は話されましたが、最初はわかりませんでした。重症心身障害児の施設へ実習に行って、「言葉が通じなくても心で通じ合える」ことだとわかりました。

先生の授業はとてもおもしろいので、4年生最後の授業は先生の講義を取ろうと決めていました。「障害者の性」の講義です。「障害者と性が切り離されている」と聞いて、ハッとさせられました。それまで、考えてもみなかったことを考えさせられました。すべてが当たり前ということだと思いました。障害があっても先生はパチンコへ行きます。子どもの話を聞いた時も驚きました。障害があるなしにかかわらず、当たり前ということを教えてくださったのだと思います。

――靴

先生と電車に一緒に乗ったとき、高齢の方が車いすを押していた岡本さんに「あんたえらいね」と声をかけました。先生は「お金はこちらが払っているのに、何が偉いかわからない」と言われたのです。私にも「お姉さん若いのにえらいね」と声をかけてきました。世の中の人はそう思っているのだな、まだまだ「車いすの人は別の世界の人だ」と思っている人が多いんだなと思いました。

私の娘が生まれた時、先生は靴を送ってくださいました。先生は「自分は歩けないので靴がなかった。だから赤ちゃんが生まれると必ず靴を送ることにしているんだ」とケラケラ笑いながら話されましたが、靴にすごい憧れがあったんだなと思いました。できないから、いらないということではないことがわかりました。

―― 20代は先生一色

実習の時に、先生が来てくださって安心して泣いてしまいました。ただ話を聞いてくださるだけで安心しました。先生自体がパワーです。

20代は谷口先生一色でした。勝手に、父親のように思っていました。京都へご飯を食べに行ったり、日帰り温泉にみんなで行ったり、卒業後も節目ごとに先生に相談し、婚姻届の証人も谷口先生です。結婚式にも来ていただいて、乾杯の音頭をとっていただきました。

養護施設で働きたいと私が言った時、先生は「自分が苦しくなるからやめなさい。あなたは自分を追い込む。養護施設の子は今まで知っている子どもとは違う」とおっしゃいました。実習に行ったところ、自分は子どもたちとわかり合えると思っていましたが、ドラマのようなわけにはいきませんでした。教員になりたいと言った時には「がんばれ」と言ってくださいました。現在、私は高校の福祉科の教員になりました。心残りは学校の授業に先生を呼んで、生徒に授業を受けてもらうことができなかったことです。

このインタビューのお話を黒川先生からいただいた時、「先生はまだ誰かと誰かをくっつけようとしている。まだまだ教えようとしているんだな」と思いました。

3　苦難を笑いに変えられる人

永田祐さん（元愛知淑徳大学）・45歳
元愛知淑徳大学医療福祉学部選任講師（２００３年〜２００８年）
同志社大学社会学部社会福祉学科教授（２００８年〜）

――壁をつくらない人

私は、愛知淑徳大学に社会福祉貢献学科ができる1年前の２００３年に、着任しました。翌年、谷口先生が大学に来られた時からは、研究室が一部屋挟んで隣でしたので、よく研究室に来ておしゃべりをされました。

先生は壁をつくらない人で、年上のえらい先生ばかりで緊張していた私になじみやすい環境をつくってくださいました。そういう人柄なので学生さんにも慕われていて、研究室に行くと必ず誰かがいました。

――お茶目なエピソード

谷口先生のおもしろいエピソードとしては、２０１０年に病気になって生死をさまよわれた時、意識がない時に何度かお見舞いに行っていたのですが、目が覚めてから伺っていなかったので、「永田君は薄情だ」とおっしゃるわけです。「目が覚める前に3回行ったのに」と言ったら「そんなのは知らない」。冗談ですけれども、僕はそういう人間くさいところが先生の魅力だなと思います。授業評価の時も「永田さんのほうが人気がある」「僕の方がよかった」とか、普通の大学の先生同士だと話題にならないようなことをおもしろおかしく話されていました。

もう一つ、谷口先生らしいエピソードとして、いつも名古屋では「ポイントが貯まるから」とあるホテルを定宿にされていました。えらい先生が「ポイントが貯まって、来週はタダで泊まれるんだ」とうれしそうに話されるのでおかしくなってしまいました。

私は研究上の業績よりお茶目な一面ばかり話していますが、先生を慕っていた学生は本当に多かったと思います。葬儀の時もたくさんの学生が参列していました。えらい先生がああやれこうやれではなく、いつも学生のよいところを見つけ勇気づけ励ましていました。谷口先生に救われた学生は多かったと思います。

――愚痴も明るく言い換えるすべをもつ谷口先生は強い

体調が悪くて、研究をまとめるのに大変なご苦労もあったと思います。口では「大変だ、死にそうだ」といろいろおっしゃいますが、深刻さはあまり人に見せない人でした。現在のように便利なデバイスはなかったので、論文を書くためにパソコンを打つのも一苦労だったはずですが、そういう悲壮な面は見せませんでした。大変な状況を「自分はこんなに大変なんだ」と悲壮に話されるのではなく、冗談や愚痴に変換して表現されるわけです。こうした先生の強さは、今思えば、見習いたい点です。困難な状況を笑いに変えて、ずっとやってこられた強い方なのだと思います。

――ＪＩＬ（全国自立生活センター協議会）との違い

私が学生の頃は障害のある人の自立生活運動が盛んで、いろいろなところに自立生活センターができた頃でした。たまたま私がボランティアに行っていた施設でも、施設を出て自立生活をするという重度の障害のある人がいて、手伝うようになりました。

当時は、ＪＩＬの大会などにも介助で行く機会がありました。自立生活運動を熱心に進めてきた人たちからは、谷口先生が「厚労省に取りこまれている」と聞いていました。

しかし、実際に谷口先生に会ってみると、そういう二項対立を超越した存在だと思いました。運動している人だけでなく、もっと広い視点で障害のある人を見ていたのかなと私は思います。例えば、地方で障害のある人を苦労して育てている親御さんや本人に寄りそって、そういう人たちが幸せになるにはどうしたらよいか、一緒に考えていく。どちらが正ということではないのですが、これは谷口先生ならではの視点ではないかと思います。主張し、運動して権利を獲得していくと同時に先生は全国津々浦々をまわり、たくさんの家族や当事者を励ますことにも力を入れておられました。

――笑いにして懐に入る

最初に会った頃、嫌なことは「じゃんけん」で決めようとおっしゃることがよくありました。先生は何を出しているかわからないので、アベベさん（岡本卓也さん）に聞くと、例えば、私がパーだとアベベさんは「これはチョキ」というわけです。同じ手の形でも、僕がチョキだとアベベさんが「これはグー」となるので絶対に勝つことができません。僕らは障害を笑いの種にしてはいけないと思うわけですが、谷口先生は障害を逆手にとってしまうのです。自分ができないことを笑いに変えたり、逆手にとって遊んでみたりされる。懐に入って笑いに変える力、それが先生の魅力だと思います。

じゃんけんはいつも谷口さんの勝ちでした

谷口先生はすっと懐に入って、困難を笑いに変えることで、多くの当事者やその家族と実践者、そして学生たちを励ましてこられました。かけがえのない存在だったという人が、たくさんおられたと思います。じゃんけんのエピソードのように、苦難を笑いに変える力がある人で、そういう強さが根底にあったのだと思います。

5 谷口さんはこんな人

1 宿敵で親友

太田黒重雄さん（堺養護学校小学部からの友人）・62歳
兵庫県神戸市在住

宿敵で嫌な奴で優しくて親友
そんな奴に初めてであったのは半世紀以上前の春
養護学校入学式の後初めてクラスの席に座った時だった
何故か僕が最前列左端その時生まれて初めて後ろから槍のような視線を感じたそれが出会いだった
障害も成績もかならずやつとどんぐりの背比べ
中学高校すべて仲良く遊び仲良く喧嘩し仲良く不良ごっこした
常に俺の前に立とうとしていた奴、生徒会の選挙まで争い俺の選挙妨害をし、必ず奴が勝った

大学入学いっしょに決めた時は訳もなく養護学校の隅から隅まで走り回り会う人会う人に報告し
大学に入り大きく道は分かれた
奴は勉強に明け暮れエリート系学生を突き進む
俺は吹奏楽部に入り一日中ドラムを叩いていた
ある日思い出すことも出来ない
些細な理由で絶交した挨拶もせず仕方ない事務的会話しかしなかった
そんな日々が二年間以上続いた
卒業後奴は院浪し、俺は学士入学し経営学部に続き社会学部二年間
お互い学生は続けたがどうやら俺の方は歩みを止めたようだった
アメリカ留学から帰って来た奴は京都で一人暮らし高校時代の不良グループを呼んで京都木屋町で酔いつぶれた
奴は打って変わって優しくなった、俺は「もっとしっかり生きて行け」と奴に叱られ倒された
エリートコースを突き進みやつは大学教授まで登り詰めた
厚労省の諮問委員も務め障がい者問題も取り組んだが当事者には評判が悪かった
敵も味方も多く作る性格は生涯変わっていいない
ある日心身共に調子悪くし介護体制も難しくなり俺は奴の年賀状を見た即刻奴の本を買い読みあさり対策を立てた

そのことを奴に電話して礼を述べると、心配して顔を見に飛んで来てくれた俺が弱気に「もうあかん死にそうや」と言うと奴は「お前もう一回輝け、またな」と言い残し去っていった
まさかその時に交わした会話が最後になると思わなかった
あんなに活躍してた奴が先に逝き、たいしたことない俺が残るなんと不条理なことなのだろう
本当に仲が良かったのか目の上のたんこぶなのか未だに判らない
そんな存在が他のみんなにもあるのかい？

（原文ママ）

2 障害を味方につけた生涯

吉田幾俊さん（堺養護学校小学部からの友人）・61歳
京都府長岡京市在住

――谷やんの思い出

小学4年の時に大阪の普通学校から堺養護学校に転校してきたときに、初めてできた友達が谷やん（谷口さんの愛称）でした。

人気と人望があって、生徒会長としてよく活躍していました。とにかく、あの頃からすごく弁舌が達者であり目立つ存在でした。仲間内では将来きっと政治家に……とささやかれていました。

高等部卒業後、成人の日に放送されていたＮＨＫの「青年の主張」に登場

して、壇上から「私は障害に負けない。ネバーギブアップ！」と高らかに宣言したのを鮮明に覚えています。
また、障害福祉の制度が大きく変わる時、彼の講演が地元（私が引っ越す前の堺市）の社協であり聴きに行ったのですが、「制度上の危惧や問題を指摘するより、受動的でなく、もっと能動的に制度を大いに活用して自立生活を充実させてください」というエールを送る内容であり、彼らしく感じたものです。汗だくの講演後も気さくに向こうから「元気かぁ、頑張ってる？」と声をかけられたのがよみがえります。

重度ながら社会的に自立し結婚され家族をもつという一番の成功者でしたので、自慢できる誇らしい同級生であり励まされる存在でした。突然の死去は本当に寂しく無念です。

太田黒さん、吉田さん、谷口さん

障害者に対して、ありのままの自分を受け入れ誇りをもって生きようと、よく言われますし、それが理想で尊いことだとなっていますが、受動的な生き方で、そんな境地になれるわけがありません。

逆境にめげず現状に満足することなくハングリー精神で人生を切り開いていく勇気と努力と行動力で個性を伸ばすこと、それこそが自己の確立、自立であり自己実現という充実した悔いのない豊かな人生を送るためには必要なことなのです。そして、甘やかさない生育環境、人との出会い、周りのサポートも重要なんだということが、谷口氏の障害を味方につけた生涯の見方だと思うのです。（彼を偲んで、彼一流の親父ギャクで締めくくりました(*^^*)）。

3 優秀な経営者でセルフブランディングが凄い

三浦雅之さん（元障害者自立生活問題研究所）・49歳
元障害者自立生活問題研究所初代助手（1900〜1992）
株式会社 粟　代表取締役社長（2008〜）

このインタビューのお話があった時、これだけはお伝えしておきたいと思ったことがあります。それは、研究所にいた頃の谷口さんとのやりとりです。自分が経営者になった今、折に触れて、思い出すことなのです。

谷口さんは優秀な経営者であったと思います。ご自身のストロングポイントを正確に把握し他者へ伝えること、いわゆるセルフブランディングが非常に優れた方だと感じていました。自分の価値を、ちゃんとプレゼンテーションできる方だったのです。だからこそ、あのように障害をもっていながらも、自分の社会的価値を高めて、多くの仕事に取り組み、成功させることができたのだと思います。そういうことは、単なる頭のクリアさだけではできず、高い経営能力が必要です。谷口さんの才能は、商売人だったお父さん譲りなのかもしれないと思いました。

福祉の世界で当時、このようなセルフブランディングされている方を他に僕は見たことがありませんでした。谷口さんから学んだことが、今、僕が事業を続けていく上で、すごく役立っています。谷口さんは、マネジメントやブランディングにおける、日本の障害者のパイオニアだろうと思っています。

バークレーに留学された障害のある方の多くが、自分でＣＩＬを立ち上げて権利闘争をしています。しかし、谷口さんは研究所を立ち上げ、仕事として、研究者として社会を変革しようとしていました。ここが最も重要なところであり、明確に他と一線を画すところです。

谷口さんは、研究者、そして大学教授という立場になっていきますが、ご自身のキャリアアップの仕方には、若干ベンチャーっぽい雰囲気があります。自分の実体験と自分自身をネタにした講演で、障害をもった人の親たちにアプローチするのです。そして「自立生活プログラム」という、後日出版物になるような理論もあり、これがキモなのです。そういう二つの武器をもって、自分自身を、研究者へ、大学教授へとキャリアアップしていくやり方は、まさにベンチャーだと思います。本当に頭のいい人です。起業家です。

谷口さんがつけた障害者自立生活問題研究所という名称も、助成金をいただくために良いネーミングでした。この研究所があったからこそ、一般的な活動とは一線を画した研究者の道を歩めたのだと思っています。研究所の職員をし

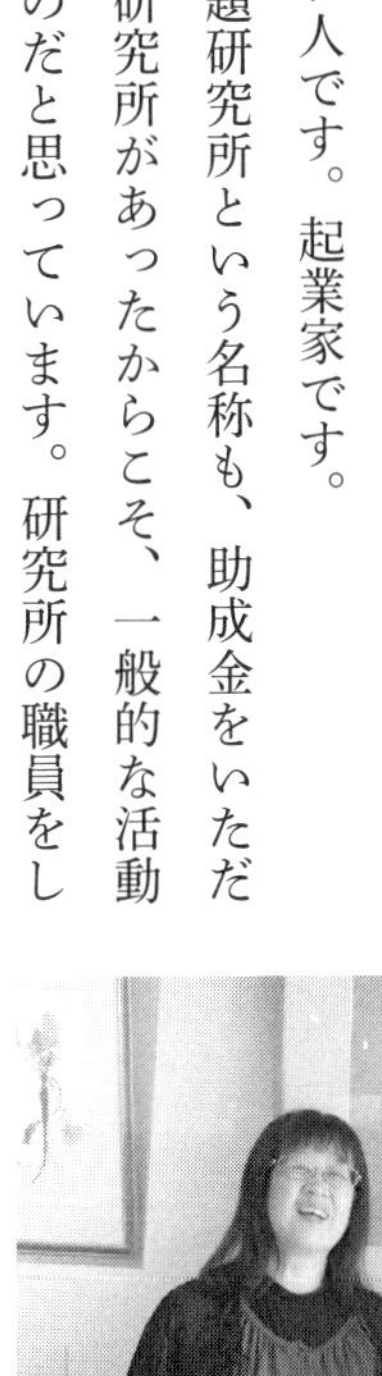

三浦陽子さん・雅之さん

ていた武田さんや土屋さんは、その分野の研究者になろうとしていた人でした。本来なら、そういう人たちの雇用にはお金がかかるのですが、古い時代の徒弟制度のように、給料はともかくも勉強ができるということで、研究所に人が集い、運営してこられたのではないかと思います。谷口さん自身から学ぶこともたくさんありましたし、講演や委員会などの場面でも多くのことを勉強させていただきました。

谷口さんの魅力に、武田さんや土屋さんの魅力が加わることによって、研究所の魅力がさらに増していきました。そういう良きスパイラルもブランディングです。谷口さんが、そういう理解をしていたかどうかを確認することはできませんでしたが、結果は、それを実現していたと僕は思うのです。今になってよく、あの時の谷口さんの言葉や行動が脳裏に浮かび、今の自分自身の人生を支えてくれています。

4 いつもギアを入れていた

小川喜道さん（元神奈川県総合リハビリテーションセンター、施設職員）・71歳

神奈川工科大学ロボット・メカトロニクス学科（前福祉システム工学科）教授（2000年〜）

——凝縮された人生

谷口さんは地方へ出かけての仕事を好んで、積極的にやっていました。

一時、釣り大会の時に危篤になったことがありました。もうだめかというようなことがあったのに、復活して元のように働いていました。谷口さんは凝縮された人生を送っていたのだと感じてしまいます。いつもギア

が入っていて、ニュートラルでない。そのギアも彼が好んで入れているのです。

一緒に講師をしている戸山サンライズの講習会もたいへん積極的で、声をかけられた僕らは講義が終わると控え室に戻るのですが、彼は参加者がみんな帰るまで見送っているのです。

厚労省の制度のことも、あのように動いてくれる当事者はそうそういません。厚労省でも交渉対象の団体はいろいろありましたが、内側に入って行政マンと一緒に考え仕事をするという人は、障害者では少ないと思います。谷口さんは運動家からは嫌われもしたと思うんですよ。でも「そういう人がいなければいけない」と思って、谷口さんはその道を歩まれたと思うし、彼もわかってやっていたと思います。

――特別なおつきあい

僕が神奈川リハの施設職員を辞める時に「大学で働いてみようと思う」と谷口さんに話をしたところ、「小川さんね、現場での経験が講義のネタになるのは3年間だけだよ。3年経ったらもうそのネタは古くて使い物にならないよ。今もっていることをしていればいいのではないのだよ」って言われました。神奈川リハにいる時からアメリカの自立生活運動や差別禁止に関する動きとか、視察研修報告などをまとめたりするのが好きで、それを神奈川リハの各課に回していました。谷口さんはそこでも、「職場の中の報告書にするだけでは駄目だよ。ちゃんと外に出さないと駄目だよ」と、アドバイスという言い方ではなく、自然な会話の中で示してくれていました。

私がここまで働けているのは谷口さんとのおつきあいのおかげです。谷口さんとのおつきあいは特別なものがあります。自分の中の大切なものをいろいろつくってもらったという感じがします。長くて深いおつきあいでした。

第4章

人生は楽しく夢をもって

1　車いすでも人生100倍楽しめまっせー

仕事の合間にリフレッシュ

２０１５年４月から、自立生活問題研究所で働き始めた村井直樹さんは、谷口さんの生活の様子を目の当たりにしてとても驚いたそうです。

「一番強く感じたのは、谷口さんが大学の先生以外に、全国を飛び回って講演や研修などをしている合間に遊びを入れ、寸暇を惜しんで自分のやりたいことをしていたことです。とにかく家でじっとしているのが嫌いな人でした。３６５日欠ける日なく、笑わせてもらいました。もちろん、パチンコ屋にも行くし、酒も飲みに行く、いろんなところに観光にも行く、息子を連れて映画も見に行くと、車いすでも私たちと変わらない生活をしていることに驚きました」

先輩職員のアベさん（岡本さん）も、仕事の合間の楽しみはパチンコだったと、その様子をこう話しています。

「谷口さんは講演などで地方に行っても、よくパチンコをしていました。ちょっとでも時間があれば打ちに行くのです。パチンコ屋に行くと角にある台を選びます。介助者が席に座って打ち、先生は隣で見ています。お金を出すの

2007年冬の旭山動物園
旭川ナビ廣岡さんと谷口さんの車いすを押す岡本さん。武田さん、谷口さん

は先生なので、負けたら先生が痛いし、勝ったら先生が儲かります。介助者の横で先生は真剣に見ているのです。出張の時は、懇親会でお酒が入っているので、先生は寝てしまうのです。僕も眠いので、早くホテルに帰りたいと思いながら打っていたこともありました。でも、僕が疲れてしまって眠りながら打っていると、先生が僕の腕を小突いて起こすのです。起こしたり、起こされたりしながらパチンコをしていました」

まだ仕事が多くなかった頃は、研究所の職員や仲間と遊びに出かける余裕もありましたが、だんだん仕事が忙しくなった谷口さんは、出張先でおもしろいことを見つけて楽しむようになったようです。広島県三原市の「やっさ祭り」などには、仕事の有無に関係なく、何回も参加して楽しんでいました（105ページ参照）。また、海外の仕事も楽しみの一つでした。「愛の輪運動基金」の関係でアメリカやイタリアなどにも出張しました。自分で主催していた「谷口明広と行くロサンゼルス視察研修ツアー」では、親友のエドさんに会うのをとても楽しみにしていたそうです。

研究所拡大ファミリー

谷口さんは研究所職員の家族も、自分の家族同様に大切にしていました。研究所では年に数回の恒例行事があり、みんなで楽しい時間を過ごすのです。谷口さんの家は、仕事の関係者が会議の後に飲みに来ることも多く、いつもにぎやかでした。職員の子どもたちも赤ちゃんの時から一緒に遊んでいるので、みんな兄弟のように仲よしです。子どもたちは谷口さんのことを「じぃじ」と呼んで、クリスマスのプレゼントや、祇園祭の屋台でお菓子を買ってもらうのを楽しみにしていました。谷口さんは研究所の職員や友人と、家族ぐるみの「拡大ファミリー」をつくって、楽しい暮らしをしていたのです。
「障害があるからできないのではない。本当に楽しいことは障害があろうとなかろうといっぱいやろう」とバークレー留学で決めたことを、その後もずっと実行していたのです。

7月　祇園祭　研究所ファミリーと谷口さん

2007年7月

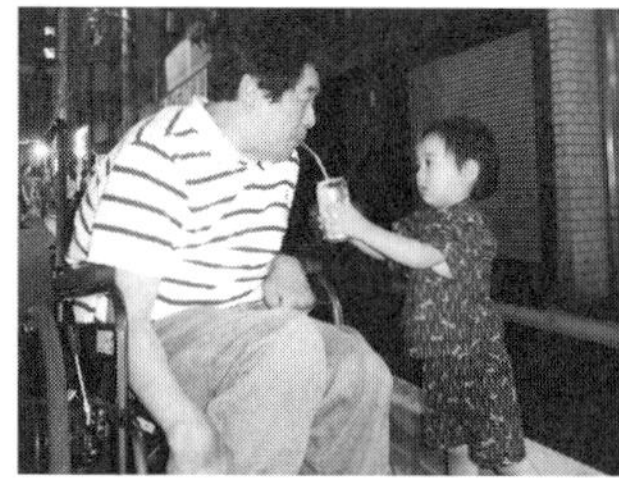

2015年7月

12月　クリスマス会　谷口さん宅

12月「クリスマス会」一品持ち寄りとプレゼント交換が恒例、プレゼントが被ると罰ゲーム

2 あほ友達のおもしろメッセージ

1 「この人アホやなー」

木村活也さん（「すわらじ劇園」代表）・52歳

私が、友人と呼べるのは谷口さんと「ダスキン愛の輪」の吉田さんしかいません。「愛の輪」の仕事で一緒になり、公演の準備中に私が谷口さんのまねをしたことがきっかけでした。いわゆる障害者のまねを、しかも年下の20代のガキがやるなんて、ものすごく失礼なことだと思うのですが、それを恐れずにやったところ、怒るどころか返ってきた返事は「僕もかっちゃんの真似できますよ」だったのです。それからですね、一気に壁がなくなり「今度飲みに行こうよ」って仲になりました。話をすればするほど、あの人のアホなところがよくわかって「この人アホや、アホなんだよなぁー」って思いました。私も同じようにアホだから波長が合ったんだと思います。好き勝手言い合えるおつきあいをしていました。

―― 熱唱ゲッターロボ

「愛の輪の集い」の打ち上げに一緒に飲んで、カラオケに行った時のことで

左から吉田さん、岡本さん、木村さん

した。谷口さんはテレビアニメの主題歌「ゲッターロボ」を歌ったんです。そのテレビ番組を私もちょうど見ていたので一緒に歌い、大いに盛り上がりました。「ゲッターロボ」は私がまだ小学校に上がる前くらいにやっていたテレビアニメです。谷口さんはあまり外に出られなかったから、テレビばかり見ていたらしく、テレビの主題歌をよく歌っていました。

——Stand up

「Stand up」は、「愛の輪」の障害のある人や、谷口さんとの出会いをもとに私たちでつくった青少年向け演劇です。

「おもしろいって思えば楽しいし、大変だと思えば大変だ」そういう風に、わしらは谷口さんから教えられました。「すごいなあこの人は」と思ったのです。

中学生の自殺が絶えません。本人にとってはつらいことなんでしょうけれども、障害をもっている方がたを見ていたら「あんたのことなんかたいしたことないでしょ」「人生の絶望を味わってないでしょう、自分から逃げてどうするのよ」と伝えたくなりました。こういう芝居を中高生に見てもらいたいのです。どうせなら谷口さんも出そうということになり、谷口さん役も登場します。

——この人に負けたらあかん

谷口さんはこういう人だと一言でまとめるとしたら「障害者を超えた変人」、または「障害者のふりをした健常者」そんな感じです。本当に「障害者ってなんや？」って、考えさせられた人です。

私は生意気にも「この人に負けたらあかん」と常に思っていました。芝居やっていても、いろいろ問題にぶち当たることもあるんです。そんな時は人間弱くなるじゃないですか。「あかんあかん、あの人は……、ここで負けたらあかん」と、自分への戒めです。

2 おもしろいもの見せに来る

寺井英彦さん（公益財団法人京都新聞社会福祉事業団チーフプロデューサー）・50歳

谷口さんとは事業団の仕事でお世話になっているだけでなく、家族ぐるみでおつきあいさせていただきました。海釣りから始まり、キャンプ、旅行、研究所行事、どれもメチャメチャ楽しかった思い出です。先生からは「おもしろいこと」や「新発見」があると、「会社にいるか」って絶対電話がかかってきます。会社の前に車をつけて、「これ新しく買ったんや」と、受けを狙っていろんなものを持ってきました。それを見て僕が「それは知ってる」って言うと、そっぽ向いて帰ってしまわれるのです……。

あほ友達の一人　寺井英彦さん

――車を買った時の話

トヨタのプリウスが発売されてすぐの頃、先生が岡本さんと一緒に「寺井ちゃん、俺車買うことにした」といつものように会社にやってこられました。「なんぼ値引きしてもろた」と尋ねると、1万以下でほとんど値引きがありませんでした。当時の車販売は、あらかじめ値引きした価格を表示し、さらなる値引きをしないワンプライス・セリングということになってはいましたが、私は思わず「えっ、これしか値引きしてくれなかったの。先生、その契約はすぐにキャンセルしてください」と一緒にディーラーに出かけていきました。ナビゲーションや車いす用マットなど、あれもこれもとつけた上、新車の発売直後としては破格の36万円の値引きに成功したのです。先生は大喜びで、すぐに注文していた車をキャンセルしました。

この後、「寺井さん、車安く買えるのですか？」と電話がかかってくるようになりました。最初は気づかなかったのですが、先生が講演で「すごく値切る人がいるから、車を買う時には相談しなさい」と言いまくっていたことがわかったのです。

3「妻1人子ども2人いてあかんのか」――谷口さんと家族

子どもの誕生

1999年に長女あずみちゃんが、2002年に長男拓海君が誕生します。ちょうど博士論文に取り組んでいる最中でした。そこに厚生労働省の仕事も始まり、忙しい毎日でしたが、二人の子どもの存在が谷口さんの疲れを癒してくれました。自慢の子どもたちです。

谷口さんは講演の中でもよく子どもたちのことを話していました。「結婚しています」と言うと、会場がドョドョッとします。「子どもがいます」と言うとまた、ドョドョッとなります。そのたびに谷口さんは「いたら、あかんのか」と言って笑わせていました。みずほさんを紹介する時は「健常者なんですよね。不自由なのは性格だけなんです。カカカカカカ」と鬼の首を取ったように谷口さんが笑うので、会場はいつも爆笑でした。

みずほさんのお父さんは、結婚式には出席したものの、その後7年間、長女のあずみちゃんが生まれるまで、谷口さんと一度も会うことはありませんでした。しかし、あずみちゃんが生まれた日、病院に駆けつけたお父さんは、子どもの顔を見ると「よかったね。こんな宝物をありがとう」と言って、心から結婚を認めてくださいました。

それまでは、谷口さんのマンションにみずほさんのお母さんを送ってきても、下の車の中で待っているお父さんでしたが、あずみちゃんが生まれてからは、「隣の部屋を買えばよかった」と言っていたそうです。

のんき暮らしから普通の家庭へ

子どもが生まれるまでは「のんき暮らし」でしたと、みずほさんは振り返っています。

「仕事もそれほど忙しくなかったし、韓国の留学生や介助者の友人も集

子どもが生まれました。あずみと拓海です

まって、家にはいつも人がいっぱいいました。『今日、ご飯食べる人は何人いるの』というような毎日で、相撲部屋みたいでした。めちゃくちゃ余裕があって、毎日おもしろおかしく、楽しい生活をしていました」

その後、子どもが生まれるので、二人は部屋数の多い、現在住んでいるマンションに引っ越してきました。そして、子どもが生まれたとたんに、子ども中心の生活となり、どこの家庭にも起こるような、子育てに関する意見の違いも出てきたそうです。「家族に障害のある人がいると、その人の介助も必要なので、子ども中心になりきれない場合もありますが、我が家は、普通の家庭と同じように子ども中心の生活になりました。でもパパは、子育ては母親の私が全部やると思っていたんだと思います」

コラム●お父さんの代わりに遊ぶことも職員の仕事

谷口さんは子どもと遊ぶ時に、かけっこや抱っこなど、できないことがありました。そのため、研究所の職員は子どもたちの遊び相手もしていました。

ただし、職員はお父さんと思われてはなりません。徳竹健太郎さん（元研究助手）は「そこはちゃんと区別して、子どもたちが『何々していい』と聞いてきたときは『じゃあ、パパに聞いてごらん』と対応し、必ずパパの存在を前に出すようにしていました」と話しています。

谷口さんの実家、加賀温泉の海岸で子どもたちと遊ぶ徳竹さんと遠くから見守る谷口さん

子どもの笑顔が大きな喜び

子どもを連れて遊びに行く場合も職員が同行していました。研究助手の村井さんは、谷口さんが忙しい仕事の合間をぬって、沖縄のプロ野球のキャンプに拓海君を連れて行った時、拓海君がすごく喜んでいたことが印象的だったと話しています。子どもたちのうれしそうな姿を見ることが、谷口さんにとっての大きな喜びでした。照れくさかったのか、その場では言いませんでしたが、講演先などではうれしそうに話していたそうです。

また、研究所職員の月間シフト表には、子どもたちとの「お出かけ」の予定が毎月書き込まれていました。谷口さんは子どもたちと出かけて遊ぶことをとても楽しみにしていたことがわかります。

映画クラブと称してよく映画に行っていた拓海君と谷口さん

ホームはアウェイ

出張先では参加者につきあって、夜遅くまで話をしていた谷口さんですが、家ではテレビをぼーっと見ていることが多かったそうです。アベベさん（岡本さん）は「ホームがアウェイだ」と谷口さんがよく言っていたと話しています。

「やっぱり外で飲むと『先生、先生』と呼んでもらえて、気持ちがいい。地方の研修先で泊まって飲んで、その日の講演内容の話をすると『うん、うん』とみんなが頷くのです。そんな席で、先生は、研修で伝え足りなかったことを含めて、一歩踏み込んだ話をすることもありました。それこそ、そこが先生のホームだと思います。

ところが、家に帰ってくると特別扱いはされません。先生の話を『ふん、ふん』と聞いてくれる人もいません。これは当然のことで、どこの家でも同じようなものです。ほめてももらえず、ちやほやもされません。だからアウェイと感じられたのでしょう。普通のお父さんだったら、世間でもそれほど特別扱いされることはないので、外と家のギャップはそれほどないと思うのですが、先生の場合は、とても大きかったのだと思います」

介助

現在のマンションに引っ越してから、谷口さんは一人でトイレに行くことが、できなくなってしまいました。家が広くなったからです。そこで、谷口さんをトイレまで連れていくという介助が必要になりました。職員が帰った夜間は、みずほさんが介助していたことが、今回の取材で初めて明かされました。

「前のマンションは狭かったので、トイレは自分で行っていました。お風呂も職員が湯船に入れるだけで、シャワーは渡すと自分でやっていたのに、家が広くなって一人でできないことが増えて、かわいそうでした。私も夜0時半に寝て、3時半におしっこの介助、5時半には起きてお弁当をつくっていました。夜寝られないのが一番大変でした」

他にもみずほさんは、以前は車いすでの外出には不便なことがいろいろあったと話しています。「今は、低床バスになって車いすを押して乗れますけれども、リフト付きバスの時代は、運転手が操作できなかったり、『予約しましたか』と言われたこともありました。また、雨の日に車いすを押していて、手をあげてもタクシーが止まってくれなくて大変でした。でも、ＭＫタクシーだけは止まってくれて、ありがたかった。会長のお子さんに重度の障害があったので、理解があったのです」

背中に一丁目一番地

みずほさんから、こんな話もお聞きしました。

「パパの介助で工夫していたことの一つに、背中が痒い時に、どこを掻いたらよいかわかるよう、背中に番地をつけていました。そして『何丁目何番地ですか』と聞いて、掻いていました。『背中が痒いから掻いて』と言われて『ここですか』『いや違うよ、もっと左、反対側掻いて』となかなか痒いところがわからないことがあります。こうして番地を決めておくと、パパも助かるし、私もちゃんと掻くことができ、次の家事をすることができます。さっと介助を終わらせることができて私も助かるのです」

みずほさんの、この工夫を知った介助職員は、とても感心していたそうです。まさに、谷口さんが言う「介助は頭脳労働」の具体例でした。

熱中症奇跡の復活

２０１０年８月23日、谷口さんは心臓が止まり、生死の境をさまよいました。多臓器不全を起こして緊急入院となったのです。

肺炎になっていることを知らないまま、谷口さんは「ダスキン・ジュニアリーダー海外研修派遣」のアドバイザーとしてロサンゼルスに同行しました。その後、休む間もなく「みんなで海釣り体験講座」に参加したのです。当日は気温が38度もある暑い日でした。谷口さんは肺炎の上に熱中症になり、「海釣り」から帰った次の日に病院へ行きましたが、病院のエレベーターの中で心臓が止まってしまったのです。

心臓マッサージをして心臓は動き出したものの、意識は10日間も戻りませんでした。担当医から「99パーセントは助からない」とみずほさんに話がありました。「生き返ってもこれだけ呼吸が止まっていたから、脳細胞が死滅しているかもしれないので、よくて植物状態でしょう」と伝えられたそうです。

しかし、奇跡が起こったのです。後遺症もなく谷口さんは蘇り、もとのように仕事もできるようになりました。

入院中は人工呼吸器が必要だったので、気管切開をしていました。そのためにしゃべることができないので、文字盤の文字を棒で押さえて会話をしていました。この入院中のことを谷口さんは、講演の中で、次のように話していました。

「本当に自分でしゃべれないことは、つらいことだと痛感しました。周りの人たちがいろんなことに気づいて

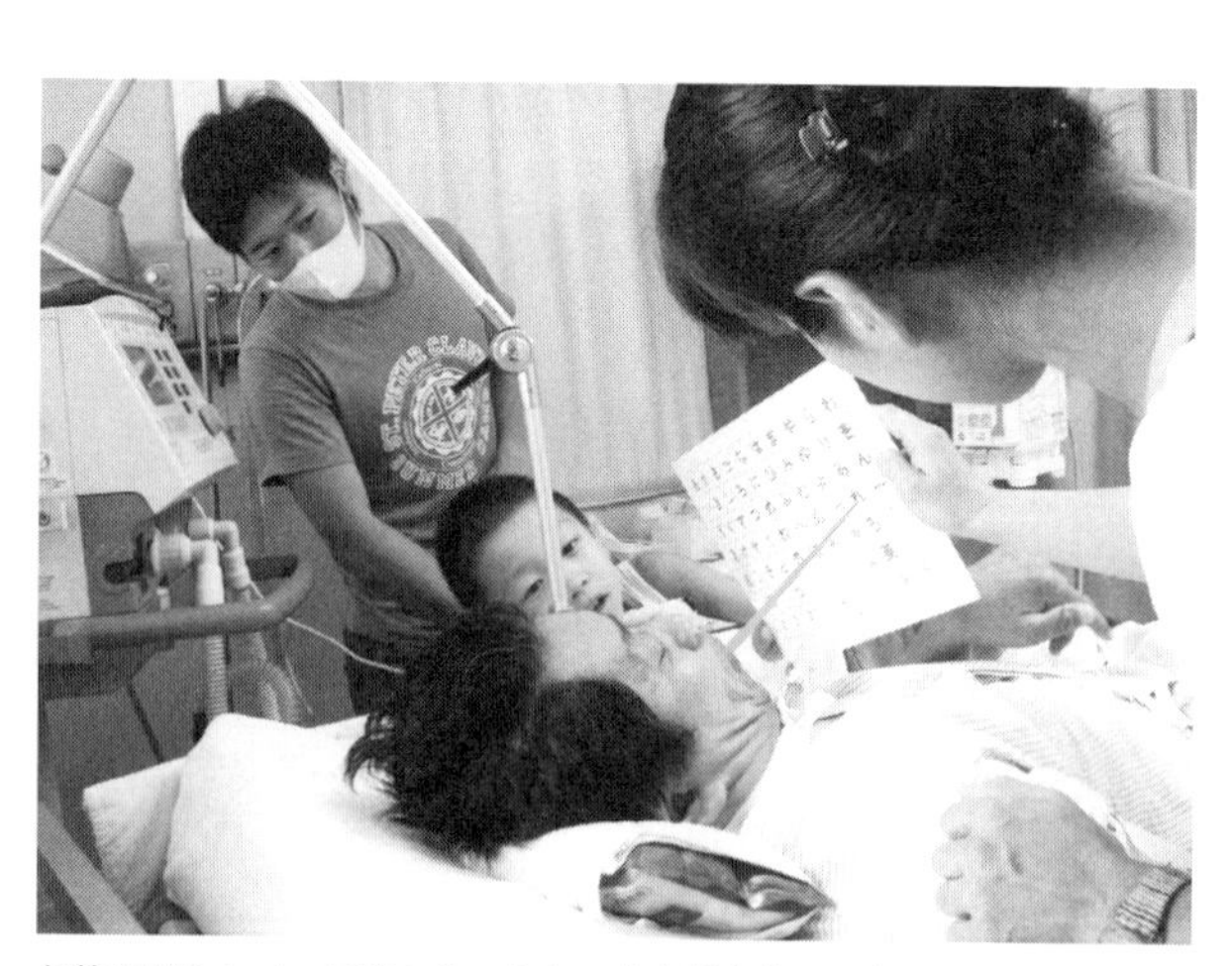

気管切開をしている時の谷口さん、文字盤を使って会話をしています

くれるのですが、思っていることと違うことが多かったのです。ですからしゃべれないという障害のある人の気持ちが、少しはわかるようになりました。経験をしてみるものですね。けれどもこんな経験はもうしたくないです。これは今までの人生で一番つらい体験でした。本当につらい2か月間でした」

鬼嫁と言われても

谷口さんの病状が回復し、退院となった時、みずほさんから待ったがかかりました。「パパにはかわいそうだけど、はって自分で移動できるようになるまで帰ったらアカン。リハビリをして、家の中を一人で動くことができるようになってから帰ってきてほしい」と病院に伝えたのでした。

「理学療法士（ＰＴ）の人も、すごくかわいそうな家庭だと思ったでしょうし、パパも早く帰りたかったに違いありません。でも、全面介助になったパパが家に戻ってきたら、今まで通り暮らすことはできなくなると思いました。毎日、ずっと二人の介助者がいるわけにはいかないですし、私一人で介助ができる状態になって戻ってくれることが必要だったのです」

実際の暮らしの場で、最低限必要なことを遠慮しないで言えるということはとても大切です。谷口さんが全面介助になって帰ってきて、みずほさんが介助疲れになって生活が破綻してしまうことを谷口さんも望んでいませんでした。障害があるから仕方ないと言いたいことを遠慮するのではなく、結婚前からお互いの思っていることを全部出した上で、どうしたらよいか二人で考えて解決してきた谷口さんご夫妻ならではのエピソードです。

「結婚する時からずっと闘ってきたから、この時もはっきり意見が言えたのだと思います」とみずほさんは話していました。障害のある人が、普通の暮らしを続けることがどれだけ努力のいることか、よくわかる出来事です。

気管切開や身体拘束を体験した谷口さんは、障害のある人たちの医療問題や人権問題、そして命の大切さを深く考え、新しい分野の研究に取り組む決意を固めていました。

谷口さんの体調が回復し、仕事に復帰するにあたって、武田さんは「各地に出張する仕事は選んでやるようにしてください。そして、1週間に1回は必ず休んでください」と進言しました。家族も強くそれを望んでいたからです。谷口さんは「これからは仕事を選んでやる」と約束したのでした。

障害をもっていることを大切に生きていきたい

「障害と共に生き、社会を変えたいと生きた半世紀」と題した講演会の最後に谷口さんは次のように話しました。

「こんな父親ではありますが頑張っておりますから、これからも仲良くしていこうと思います。

妻と2人の子どもと4人で暮らしております。

アメリカに留学したことで私の人生は大きく変わりました。障害のある若者たち、障害のない人たちにも、人生が変わるようなことをしてほしいと思っています。『今よりも、もっと幸せになりたい』と望むことだと思います。目標に向かって努力することを忘れないでいただきたい、と心から思っています。

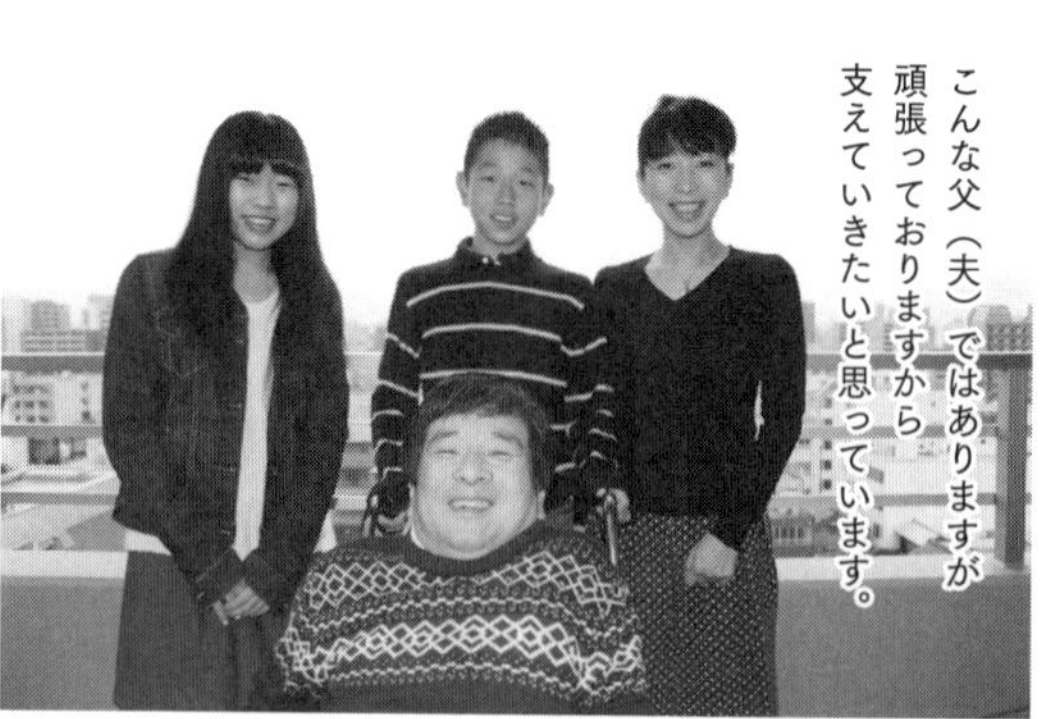

2014年　家族そろって自宅のベランダで

これからまたどんな人生が待っているのかわかりませんが、身体に障害をもっているということを大切に生きていけたらいいなと、いつも思っています」

アメリカ留学で学んだ「自分の障害を大切に生きること」を、常に社会に向かって伝え続けていたのです。

熱中症からの奇跡の生還を果たしてからしばらくすると、減らしていた地方の仕事がだんだん増えてきて、以前のように忙しくなってきました。「先生、何でこんなに仕事を詰め込むのですか？」と聞いた研究助手の岡本さんや村井さんに、谷口さんは「仕事がなかった時代もあったから、いただいた仕事はなるべく断らないようにしている」と答えたそうです。

コラム●家族の写真

2003年から7年間研究所で働いていた徳竹さんは、障害のある人が家庭をもって生きていく姿を残そうと、谷口さん一家の撮影を続けていました。その中からいくつかの写真を紹介します。

「この写真が一番心に残っている写真です。家族と一緒に楽しく過ごしている感じがよく出ていると思います。滋賀県へいちご狩りに行った時の写真ですが、家族とヘルパーも入っていて、先生の肩越しから、先生の目線になるよう意識して撮影したものです。

先生の見ている景色って、こうなんだろうなと思いながら、ずっと撮り続けていました」（徳竹健太郎）

2005年3月「いちご狩り」

2003年7月「祇園祭」

2007年7月「祇園祭」

2003年7月「七五三」

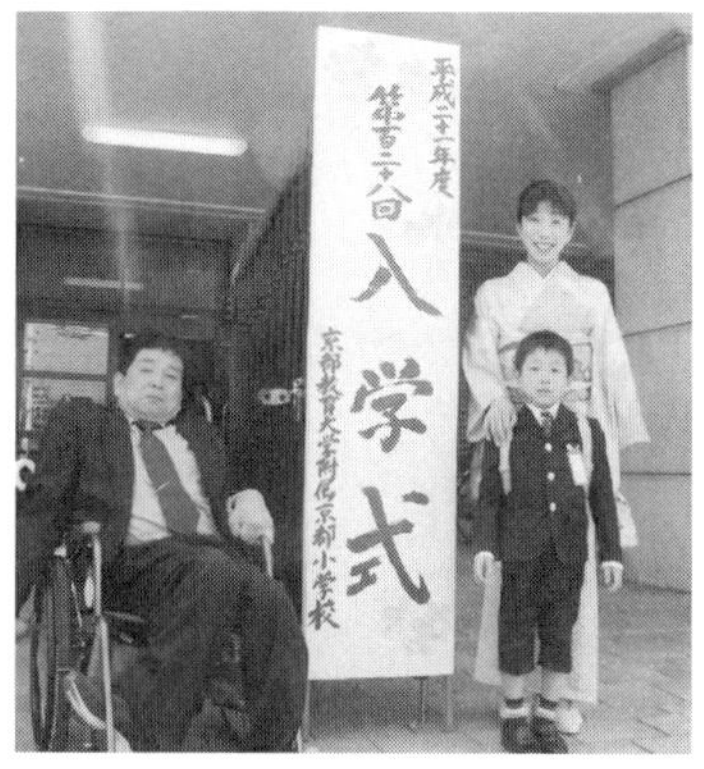

2009年4月「拓海君入学式」

2009年8月「信楽温泉」

2015年「沖縄美ら海水族館」

エピソード●「祇園祭」背広でちまき売り

祇園祭の山鉾巡行を担う鉾町に住んでいたとき、谷口さんはちまき売りをしたことがあったそうです。町内会長の「車いすに乗った人が参加したことは、1200年の祇園祭の歴史のなかで一度もない。出るなら浴衣を着てもらわないと」という心配をよそに、「町内会の一員ですから出ます」と答え、浴衣は着られないので、背広を着て参加したのです。

車いすの売り子のめずらしさが手伝ってか、例年より売上げが増え、会長からは「来年もよろしくお願いします」と笑顔で言われました。それからは近所づきあいが増えたそうです。障害のある人が地域の一員として役割をもって生きるための例として、講演の中でも紹介していました。

4 突然のお別れ

2016年1月24日朝、谷口さんは帰らぬ人となりました。腸閉塞で入院したものの、「明日は退院」と喜んでいた矢先の急変でした。突然の訃報が関係者に届き、驚きと悲しみが全国に広がりました。

プロとして仕事はやり遂げる

谷口さんは2016年1月20日、「個別支援計画作成研修」の講師として名古屋に行く予定でした。いつものように18日（月）、19日（火）と続いた愛知淑徳大学の講義を終え、19日はそのままホテルに1泊して、翌20日の水曜日に会場入りを予定していました。ところが、19日の夕方から体調を崩してしまったのです。谷口さんは「しんどい」と言って、夕食もとらずにホテルで横になりました。しかし、具合が悪くほとんど眠ることができませんでした。

翌朝、研究助手としてつき添っていた村井さんが「先生、研修はどうなさいますか?」と聞くと、谷口さんからは「プロとして、責任をもって仕事を受けているのだから、やり遂げる」という答えが返ってきました。村井さんは「わかりました。どうしても無理だとなったら、京都に帰りましょう」と言って、名古屋の会場に向かったのです。

研修会では体調が悪いのを気づかれることなく、谷口さんは午前中の仕事を終了しました。しかし、体調が戻らなかったため、自分の役割をほぼ終えたところで、早めに会場を出て、村井さんの運転する車で京都に向かったのです。しかし、運悪くその日は大雪でした。普通なら2時間もあれば自宅に戻れるのですが、何とその時は9時間もかかり、京都に着いたのは真夜中でした。夜間救急病院に直行し検査を受けたところ、即入院をすすめられました。しかし、谷口さんは自宅に帰ることを強く希望して、自宅に戻って様子を見ることにしたのです。

しかし、翌日になっても体調は回復せず、岡本さんがつき添って入院することになりました。病名は腸閉塞で、4日ほど入院すれば大丈夫ということでしたので、みんな一安心しました。入院して3日目に、「岡本さんとつき添いを交代してくれないか」と谷口さんから連絡を受けた村井さんは、病院に向かい、つき添いを交代しました。

谷口さんの経過は順調で、翌日には退院の予定となり「明日は帰れる。早く家に帰ってゆっくりしたい。家族にも会いたい」と、すごく楽しみにしながら眠りについたのです。

しかし、翌朝、いくら待っても谷口さんは目を覚ましませんでした。亡くなってしまったのです。

あまりに突然のことで、気が動転してしまった村井さんは、「ごめんなさい。すみません。一緒についていながら」と繰り返すことしかできませんでした。

戸山サンライズ研修の朝

谷口さんが亡くなった日、武田康晴さんと小田島明さん、小川喜道さんは戸山サンライズでいつもの個別支援計画研修を行っていました。本来は谷口さんが座長のはずでしたが、体調不良のため欠席していました。前の日の夕方には谷口さんから「明日退院できる」と聞いて「よかったね、じゃあ次回はまた来られるよね」と言って、みんなで谷口さんネタを言い合い、笑い飛ばしていました。ところが翌朝、信じられない連絡が入ったのです。

緊急の電話を受けた武田さんは、そっと小田島さんにだけ谷口さんの死を伝えました。そして、16時までの研修をなんとかやり切った武田さんは、京都に飛んで帰り、亡くなった谷口さんと対面したのです。それから、みずほさんや研究所の職員と

2016年1月25日通夜　26日告別式

ともに、谷口さんの訃報を全国の関係者に知らせました。

武田さんは、みずほさんに頼まれて告別式の弔辞を読むことになりました。一般的な堅苦しい弔辞を書いていて言葉に詰まってしまった武田さんに、土屋さんが「兄さん、言いたいことを言うべきですよ」と言ったのです。武田さんは弔辞を全部書き直し、谷口さんとの楽しい思い出を語りました。

武田康晴さん弔辞より抜粋

谷口先生とは25年のおつきあいになります。仕事もたくさんさせていただきました。でも、思い出すのは遊んだこと、魚釣りをしたこと、飲んで話したこと、仕事でも……道すがら、ホテルで、懇親会でと、楽しいことばかりです。出会ってから、さんざん飲みに連れて行ってもらいました。誘われて「お金がない」と言うと、「金のことは気にするな。その代わり風呂に入れてくれや」と、後輩に気をつかわせないように配慮してくれました。飲みに行った時の先生の口癖は「タケちゃん、千鳥足になっちゃったよ」でした。最初から歩けないのに……。

大学院卒業後、自立生活問題研究所に介護者兼研究員として就職してからは、二人でいろんなところに行きました。奥さんのみずほさんと結婚する前には、独身最後の一人旅にも一緒に行きました。「一人旅だから京都駅まで送りますよ」と言うと「タケちゃんはいいんだよ」と、「一人旅といえば北でしょ」という私の言葉を真に受けて、とにかく車で北へ向かいました。北へ北へということでノリノリになってきて、とうとう青森まで行ってしまいました。

また、京都市の社会福祉会館の仕事帰りに、堀川通りがゆるやかな下り坂だったので、車イスの後ろに私が乗りツーツーをしていると、どんどん、どんどんスピードが出てきて、自転車道路の縁石に乗り上げて、二人でもんどり打って倒れました。最初に先生が転がり、その上に私が転がり、最後に車イスが上から降ってきました。ガッシャーン！とものすごい音が鳴り、周りの人たちが「大丈夫ですか？」と駆け寄って来ました。間の悪いことに新品だった先生のスーツのズボンの膝が破れてしまい、家に帰って、みずほさんにすごく叱られました。二人で正座をさせられ、「ツーツーは禁止！」と言われました。大の大人が真顔で「ツーツー禁止」と言われているのがおかしくて、笑いがこみ上げてきて顔を上げることができませんでした。

「この楽しい話をずっと聞いていたかった」、参列者の心に残る弔辞でした。

500人に見送られて

亡くなった2日後が葬儀になりました。急な知らせにもかかわらず、通夜と告別式と合わせて500人以上の人が全国から参列しました。参列者には、私もよく知っている人たちが何人もいました。会場を埋め尽くした障害福祉界の重鎮、行政の関係者、車いすに乗った人たち、若い学生さんたちを目の当たりにして、谷口さんの幅広い活動範囲と関係者の多さに驚かされました。

葬儀に参列した小田島さんは、谷口さんの人生に思いを馳せたそうです。

「谷口さんがかつて、おもしろおかしく話していたことです。二十歳ぐらいの頃に、彼女と京都駅の喫茶店でデートしていて喧嘩になり、彼女が帰ってしまったという話を思い出しました。一人で取り残されて何もできない、電話もかけられず、車いすも動かせず、お金も出せず、途方に暮れた話です。『一人なんだなぁ』って谷口さんは思ったことでしょうね。その時の一人ぼっちだった青年の葬儀に、全国から500人以上が集まったのです。谷口さんの、今日までの生きざまを思い描かずにはいられませんでした」

剣が峰を生きる

谷口さんが亡くなる前の11月に、広島の鐙本さんのところで研修会がありました。小田島さんはその研修会の講師を一緒に務めたのが、谷口さんと会った最後でした。その時、変な咳をしていて、熱中症で倒れる前と同じような状況だったので「谷口さん5年前と同じだよ、気をつけてよ」と言って帰ってきたそうです。

「本当に生き急いだなーって思いました。中央の研修会で話す場がなくなって、地方の呼ばれたところで自分の思いを伝えているように、私には見えました。彼と一緒にいる時は、職員のアベがいたというのもあり、本当に障害を感じませんでした。熱中症奇跡の生還の時、武田さんから電話があり『先生が倒れてGPT1400あって多臓器不全です』と聞きました。炎症反応の数値がそんな高いのは、普通では考えられないことですから、死ぬと思いました。そこから生還した人ですから、スーパーマンみたいな人だと思っていました。本当に強い人だなって思いました。それが明日退院というときに亡くなったと聞いて、やっぱり谷口さんには障害があったのだと思いました。側弯もひどかったし、嚥下機能や肺も悪かったかもしれません。本当に剣ヶ峰を生きているような、強さと弱さの表裏一体で生きていた人だったのだ。『そこ忘れていたな』と気づいたのです。『本人はそういうところで生きていたんだな。無理にでも行くなって言えばよかったのかな』と思ったりもするのですが、広島の鐙本さんたちと話していると『それが谷口さんなのか』ということになるのです」

武田さんが弔辞で述べているように「谷口さんにはまだまだやりたいこと、やるべきこと、やっていただかなければ困ることがたくさんありました」。早すぎる旅立ちでした。

コラム●「また、障害者の歴史が終わった」小山内美智子さん

小山内さんは谷口さんと同じ脳性まひという障害をもっています。手が不自由なので口述筆記によりパソコンで文章を打ってもらっています。電動車いすに乗って全国へ講演にも出かけ、「恥と文章はカキます」とユーモアたっぷりに自分の生きざまを包み隠さず本にしています。

谷口さんが障害者自立生活問題研究所をつくった1986年に知り合い、各地のシンポジウムや東京の会議などでよく一緒になりました。2001年2月には、小山内さんが立ち上げた社会福祉法人アンビシャスに谷口さんを招いて講演会「障害をもった人たちの個人別プログラムとは」を開催しています。

ユーモアと毒舌の入り混じったであろう二人の対談を聞いてみたかったと思いました。

●小山内美智子さん（NPO法人札幌いちご会理事長）・66歳

「また障がい者の歴史が終わった」 日付：2016/01/27（水）12:00

突然の知らせにおどろいた。京都に住んでいた脳性まひの谷口明広さん（59）がお亡くなりになった。谷口さんとはよく東京の会議で会った。いつもユーモラスに大声で話をする。札幌にも

招いて講演会をおこなった。私は全国中から講演会に招かれていた時期もあったのに、京都だけは依頼が来なかった。なぜなのかとしばし考えていた。口がうまく、ユーモアたっぷりの谷口さんがいるからだと気が付いた。大学の教授をおこないながら、京都中をバリアフリーにしてきた人だ。結婚をし、二人のお子さんがいる。京都から招いてくれないのなら、私から行かなくてはいけないと思った。京都の観光地はどこを見ても、車いすで行けないところはなかった。必ずスロープがついていたり、リフトがついていた。気配りがあった。全国の街に行くとバリアフリーを訴えている人がいるかいないか、すぐにわかる。

谷口さんは子どもの頃、お母さんとばかり歩いていたそうだ。建築家の野村歓先生は「あいつ、今ではえらそうなことを言っているけど、なかなか自立できなかったんだよ。お母さんが強くてね」とおっしゃっていた。谷口さんはアメリカのバークレーまで行き研修を受けてきた。一番記憶に残っている彼の言葉で「小山内さん、僕はディズニーランドが大好きなんだ。でもジェットコースターには乗ってはいけないと言われるんだ。腹が立ったよ。でも僕は全責任は自分にあると言って、立てないのに無理やり立ち上がって『乗れますよね』と言ったんだ。説得するのに時間がかかったけれど、最高に楽しかった。ジェットコースターに乗って緊張したけれど、脳性まひは緊張しすぎると緊張が

2007年 京都観光
谷口さんと小山内さん

2007年 京都観光
谷口さんと小山内さん

とれるんだね」と言っていた。なるほどな、と彼の思ったら絶対行動に起こすパワーを感じた。私も一度はジェットコースターに乗ってみたかった。いまだに乗れていない。敗北感でいっぱいだ。

彼は小さなお子さんを残してなぜ早く死んでしまったのだろうか。残念だ。豪快な笑いがもう聞けない。最近年賀状で家族4人の写真が送られてきたのに。谷口さんがいなくなったという悲しみもあるが、京都や全国に谷口さんというパワーのある財産がなくなったような気がする。もう一度だけあの豪快な笑い声を聴きたい。

話は変わるが、今日1月27日はミスタードーナツ創業の日だそうだ。この日の売り上げの一部はダスキン愛の輪基金（障がい者リーダー育成海外研修派遣事業）に寄付される。谷口さんがどのような基金でアメリカに行ったのかわからないが、日本中の障がい者たちに、今日はミスタードーナツを食べて谷口さんを偲んでほしい。そして世界に出て行って、広い世界を見て色々な障がい者の生き方を学んできほしい。その人たちは谷口さんの生まれ変わりになると思う。私も食べなければ！

---

5 不自由だけれど誰よりも自由な人生
——アベベが語る谷口先生

2001年から谷口さんが急逝するまで、15年にわたって研究助手として谷口さんを支えたアベべさん（岡本卓也さん）へのインタビューをまとめました。

岡本さんが「アベベ」と呼ばれるようになったのは、初めて研究所に出勤した日に、1歳半くらいだったあずみちゃんが、岡本さんを見て、なぜか「アベベ先生」と呼んだのがきっかけだったそうです。

出会い

僕はもともとコーヒーの営業をしていたのですが、高齢者介護の仕事をしようと思い立って、ヘルパー2級の資格を取りに行った研修の講師が、谷口先生でした。資格を取った後、ヘルパー事業所に勤務していましたが、「私の研究所に来ないか」と先生から誘われて、事業所からの出向という形で、2001年の8月から自立生活問題研究所に行くことになりました。当時の研究所は個人経営の谷口商店という感じでしたが、先生は「アベベがこのまま研究所で仕事を続けられるように」と、2003年に研究所を有限会社にして、僕を正式な社員として雇ってくれたのです。

親孝行な谷口先生

石川県に住む、先生のお母さんであるきよさんのところへは、仕事のついでによく行っていました。北陸で仕事があった時は、前日に、きよさんの好きな甘いものや晩御飯を買って泊まりに行きました。僕と先生ときよさんでおしゃべりしていると、弟さんが訪ねて来たりすることもありました。そして、みんなでお酒を飲みました。

先生は早起きでした。朝、先生の起床介助をしてパソコンの前に

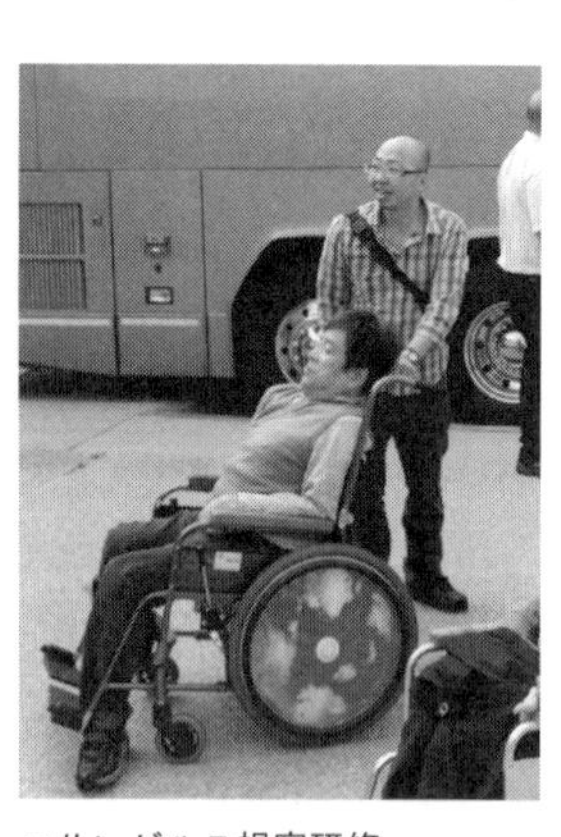

ロサンゼルス視察研修
谷口さんと岡本さん

座ってもらったら、僕はまた寝るんです。きよさんに「あんた、しんどいから寝とき」と言われて寝ている間、先生はパソコンをしながらきよさんと世間話をしたりして過ごし、出発の準備をする時刻になると、先生が僕に声をかけるのです。先生はできるだけ北陸の仕事を受けるように心がけて、年に数回はきよさんのところに行っていたと思います。

喧嘩もした介助の仕事

海外出張には僕がついて行くことが多かったのですが、長期間のつき添いになると、先生と喧嘩になることもあります。

先生は「仕事だから、やらなきゃいけないよ」と、介助者の要望を聞いてもらえないことがあります。出張期間が長くなればなるほど、精神的に、もたなくなってきて、それが喧嘩を生むのです。お互い人間ですから、ブスッとする時もありました。でも先生と私は、楽しいことを探すのが大好きという共通点がありましたから、喧嘩を後まで引きずることはありませんでした。

僕は雇われている身ですし、先生には先生の立場がありますから、相容れない部分もあります。それでも僕は、自分の思いを先生にぶつけていました。それは喧嘩というより、考え方の違いです。先生が「これはこういうことなんだよ」と言っても、僕は、それは違うと思えば、

ロサンゼルスに向かう飛行機内
岡本さんと谷口さん

はっきりとそう言っていました。僕と先生は別の人間ですから、結局のところ、人の思いはそれぞれ違うんだということが、結論になったこともあります。

しかし、相容れないからダメとして終わりにすることが、ダメなのであって、その気持ちを切り替えることが大事なのです。なぜなら、障害をもった人の介助をする仕事は、普通の仕事と違うからです。口に物を入れるっていうのは、すごく近い距離の行為じゃないですか。だから、嫌な気持ちで介助し、介助されるのはしんどいのです。喧嘩しても引きずらないというのも、そういうことなんだと思います。

普通の職場だったら、この人とは距離を置いとこうとか、言われたことだけしておこうとかの対応ができますが、介助者と介助される人の関係では、なかなかそういうわけにはいきません。ですから、それはそれとして、お互いに気持ちよくやれるように切り替えていこうということになるのです。

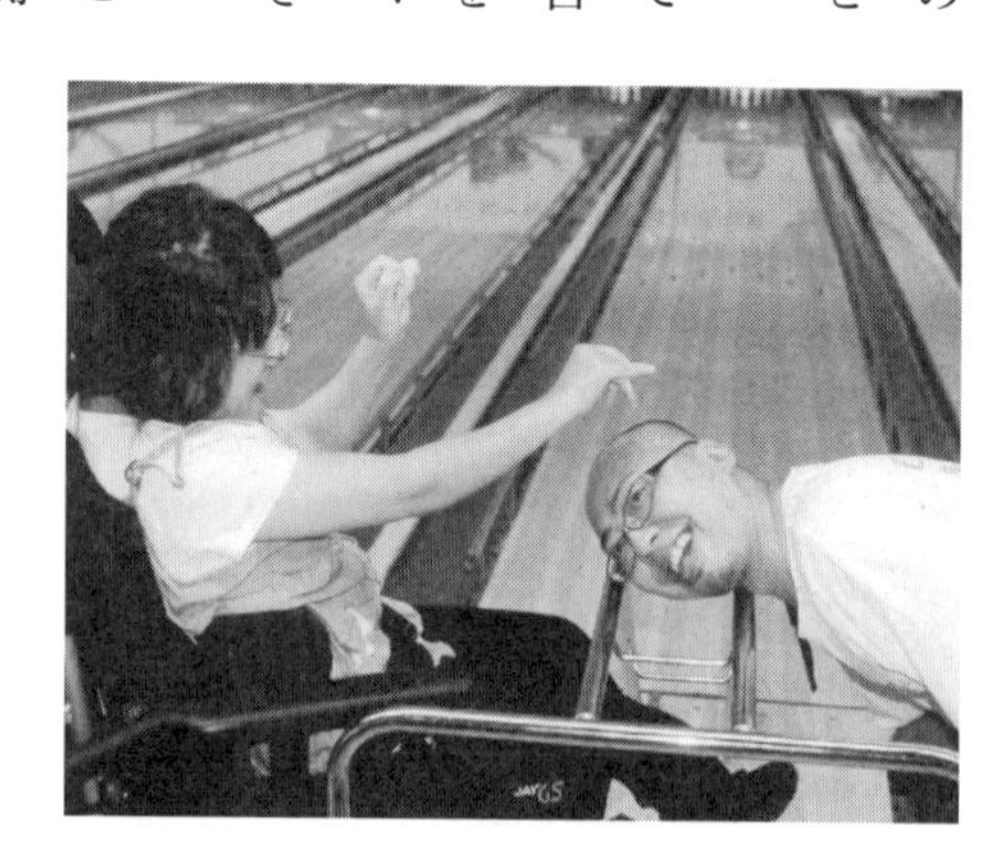
「愛の輪」ロサンゼルス研修ボーリング大会で

先生と僕の嗜好には、似ているところがありました。それが二人の信頼関係の維持につながった理由の一つだと思います。楽しいことをしたい、人に楽しんでもらいたい、という気持ちが同じだっただけでなく、パチンコが好きだったことや、障害をネタにするところなども似ていました。

先生は車いすの生活で苦労しているはずですが、それをネタにしたり、歩けないということをネタにしたりして笑いを取るのです。たとえば「お酒飲みすぎて千鳥足で歩いて……歩けないけど」とか「満員電車でも、車いすだから座ったままでいいのです」などです。僕は僕で、ハゲていることをよくネタにします。普通の人だったらマイナスに捉えてしまうことをネタにして、楽しくなるような話をするところは、僕も先生も同じでした。

障害を好きになる

先生はどうだったのだろうか、と考えています。自分の障害を好きになれたのか、ということについてです。自分に障害があったからこそ、先生はたくさんの人と出会って学び、たくさんの人に、たくさんのことを教えて亡くなりました。先生の近くには、僕とか村井君とかがいましたが、先生には周囲の人にはどうすることもできない、しんどいストレスがあったと思うのです。できるだけ先生の意向を汲もうとしていた僕でも、仕事が長期にわたると喧嘩になったりしました。介助者は自分の思い通りにはならないのだ、という現実も、痛感していたと思うのです。好きなことがどこまでできたかという点を見れば、先生はすごく恵まれていたと思うのですが、「本当に自分の障害を好きになれたか」ということについては、わかりません。その答えを聞きたかったと思っています。

僕は、先生にこんなことを言ったことがありました。「先生は、障害をもっていなかったら、絶対に先生になってないですよ。それでも僕は、先生とは出会うような気がします。どこかでタバコを吸いながらパチンコをしていて、先生にコーヒーとかをおごってもらったりしている様子が、頭に浮かぶのです。その時、先生は絶対に先生じゃない

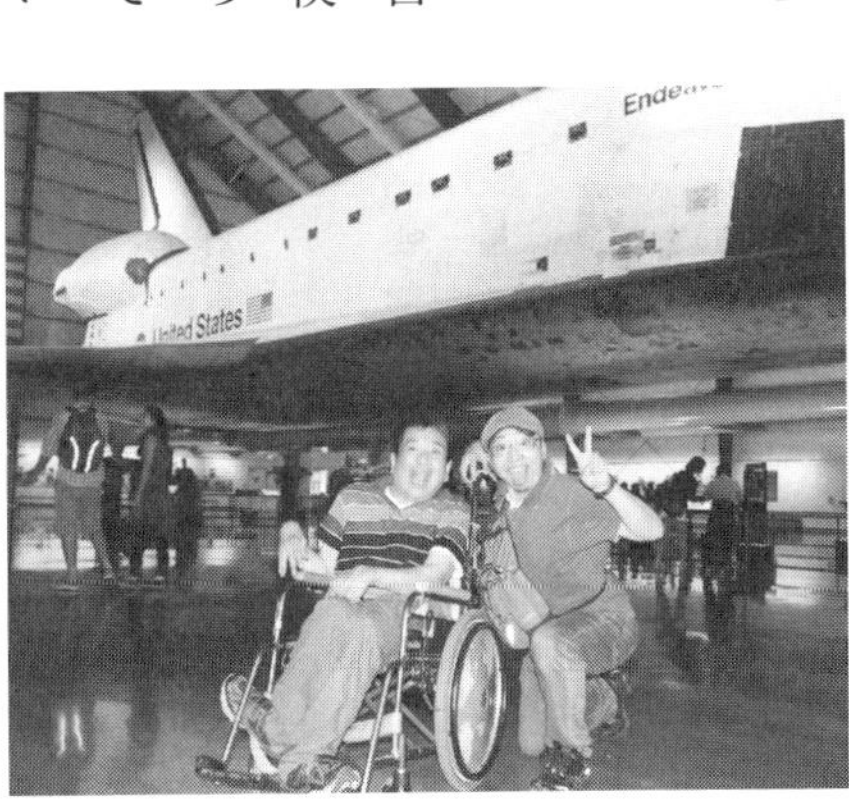

ロサンゼルス研修　カリフォルニア・サイエンスセンター　谷口さんと岡本さん

ですから、ガス会社の社員とか作業員とかなんですよ」

僕にはわかりません。でも、自分の障害を好きになるというのではなくて、自分を好きになるということで、その自分が障害をもっていたということなのだと思うのです。僕も、自分がハゲているということも含めて自分なのです。

僕の疑問について、谷口先生からは何も聞いていないし、誰かから聞いたこともありません。講演会でも「留学したことで自分は変わることができた。幸せな生活を送ることができてよかった」という話をしていました。障害を含めた自分を好きになるということだったのだろうと思いました。

先生の右腕は武田先生で、左腕は土屋さんと言われていました。僕も腕ではなかったとしても、先生の身体の一部であったはずだと思っています。僕は、この仕事をずっと続けていきたいと思っていました。天職と思いながらずっとやってきたのです。ですから先生が亡くなった時は、本当に、僕の人生が一回終わったと思いました。

人間、谷口

先生は本当に人間っぽいというか、本当に人間、谷口でした。

不自由を背負って生きてきたのですけれども、他の誰よりも自由なことができたのではないかと思っています。先生にとっては納得のいかない部分のあった人生かもしれませんが、本当に自由なことをして、人の2倍生きた人だなと思っています。寿命なんて誰にもわからないことですけれども、先生は、その寿命を生き切ったと言えるかもしれません。

多くの人々から求められて、楽しく充実していたとは思いますが、仕事をいっぱいに入れて、全国を回り、夜は遅くまでしゃべって飲んで、また朝早く起きてという生活でした。本人は「まだ満足してない」って言うかもしれませんけれども、自由に生きて、求められるところへ飛んでいくという、普通の人では味わえない人生を味わった人だなって思うのです。僕は先生を「不自由だったけれども自由だった人」だと思うのです。先生は「自由じゃないこともいっぱいあったよ」と言うかもしれませんが。

先生は、本当に楽しい人でした。そして楽しいことが好きな人でした。僕は、先生と一緒に生活したことで、小さなことでも楽しんで生きていけるようになりました。誰しも、自分の置かれている状況に不満をもつことがあると思いますが、それ以上に楽しみを見つけ、それで精一杯の毎日を送ったら、人生が明るく広がる、人生が広がったら楽しい、というふうにつながっていくと思うのです。明るく広がる明広先生。先生の身近で車いすを押しながら、そんなことを感じていました。

今、先生のことを話していて、わかったことがありました。先生が書いた「人生の底」というサインは「底がしれない人」という意味かもしれません。先生の底は計り知れないような気がします。

先生からいただいたこの言葉について、もう一度考えてみたいと思っています。

ありがとうございました。

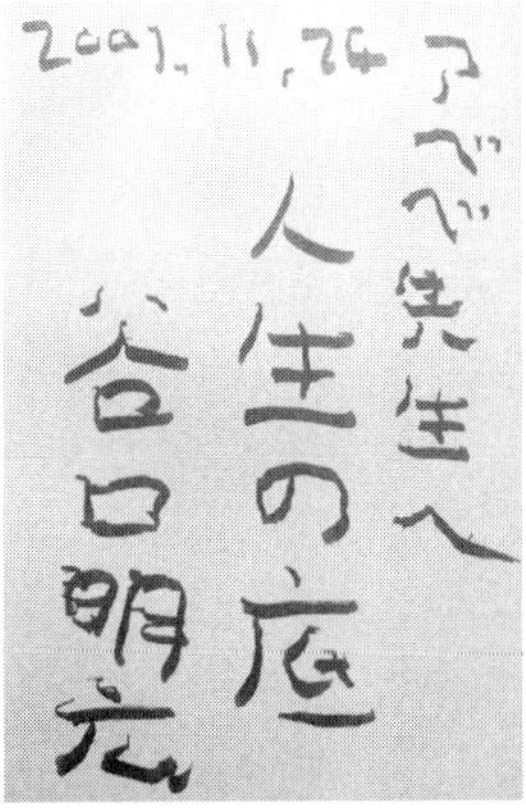

谷口さんから贈られた著書にはペンを口に咥えて書いたサインがありました

エピソード●「アントニオ猪木」

僕も先生も、毎日の生活の中で、楽しいことをいつも探していました。すごくちっちゃなことでも、どれだけおもしろくできるかっていうのを、お互いに考え合っていたのです。長距離運転をしていて、「いなき」と書いてある看板を見つけた時、「先生あの看板を見てください。燃える闘魂アントニオ！」って言ったら、先生が「いなき！」って言うんです。そんなくだらないことでも、楽しかったりホッとしたりできるんですね、二人でいると。

6 思いをつなぐ

戸山サンライズ研修会

2019年9月、谷口さんが亡くなって3年が過ぎました。今年も『個別支援計画』作成および運用に関する研修会」が戸山サンライズで開催されました（195ページ参照）。谷口さんの足跡をまとめる旅の最後に、谷口さんの残したこの研修会をどうしても取材したくて、武田さんにお願いをして見学させていただきました。

谷口さんの思いを引き継ぐ、日本で唯一の個別支援計画作成研修で、「自立生活は楽しく具体的に」を実践するための研修です。今年のサブテーマは「誰もが生きがいを感じて暮らせる社会を実現するために」でした。全国から70人の参加者が集まりました。講師は武田さんの他、レギュラーメンバーの小川さん、小田島さん、それに谷口さんの孫弟子にあたる、特定非営利活動法人ＨＥＲＯＥＳの松尾浩久さんが加わっていました。小川さん、小田島さん、武田さんの創設メンバー３人は、それぞれ谷口さんの思いを伝えながら講義を進めていました。

谷口さんの思いを１００パーセント継いだ講習会

トップバッターは小川さんでした。「この研修のねらい」の担当です。「この研修会が谷口さんの意思を１００パーセント継いだ講習会で、その思いを継ぐために集まった仲間が講師をしていることを、最初にお伝えしておきます」と話を始めました。会場の参加者に「谷口さんを知っている人いますか？」と質問したところ、手が上がったのは3人だけでした。小川さんは谷口さんとの出会いを紹介した後に、この講習会のねらいである、障害のある人を中心にその人が明るく楽しく暮らせるよう支援するための「本人中心の支援（Person Centered Planning）」についての講義を始めました。

その中で参加者に伝えたのは「本人中心、ストレングス、望む暮らしを（アウトカム）を念頭に、演習に取り組んでください！」「これまでの業務への振り返りと、改めて福祉サービスのあり方を考える機会とし、参加者自らのエンパワメントにつなげてください」というメッセージでした。

2019年9月　谷口明広さんの意思を100パーセント継いだ本講習会小川喜道さん

本人が「ニコッ」とする計画を

続いて「個別支援計画の意義および計画作成の現状と課題の整理」を担当する小田島さんは、最初に「障害のある本人が理解して、楽しくなる、笑顔になれる計画をつくれるようになってほしい」と語りかけました。「個別支援計画は、利用者の望むアウトカムを受け止め、その実現に向かう道筋を示すものなので、複雑な書き方を避け、利用者が理解できるよう、計画のポイントを簡潔で明確に示す必要があります。しかし、この工夫が難しいといった声を多く聞きますが、まずは、計画作成のために集められた情報をうまく整理・分析することが必要です」

個別支援計画にある3つの意味づけ（日中活動の場の支援計画書・地域社会への移行連絡書・幸せな自立生活のための人生計画書）について説明した後に、谷口さんの著書『自立生活は楽しく具体的に』を紹介しました。谷口さんがこの本で伝えたかったことは「IPP（74ページ参照）を利用して夢を叶え、障害者の自己実現と自立をめざすこと、そして人間としての魅力にあふれる存在になること」です。「自分は何の魅力もない」という、自己否定の繰り返しからの脱却こそが大切であるとの説明がありました。

私は講義を聞きながら、谷口さんが障害のある本人向けの講演会で「障害があって何が悪いのですか」「キラキラ光る人になってくださ

谷口さんの伝えたかったことは？
『自立生活は楽しく具体的に』を紹介する小田島さん

い」、障害年金をもらっている人に「君たちは国家公務員です」と話していたことを思い出していました。

講義の後半には、単純で見やすい個別支援計画をつくるための補助的な道具として「インテーク内容整理票」「状況整理票」「支援内容整理票」などが紹介されました。最後に「支援計画は本人のものです。つくった支援計画を見て本人がニコッっとしますか？　そうでないものは思い切って断捨離しましょう！」と呼びかけたのでした。

コメント●小田島明さん

サンライズの研修をしている時に私が参加者へのコメントをちょっとオブラートに包んで言うと、谷口さんはニヤニヤしながら「小田島明も丸くなったねっ」と必ず言うのです。「うるせーなー、だけど核心を突いているな」って心の中で言っていました。そういう言いづらいことをしっかりとユーモアを交えて伝えてくれます。そこは谷口さんらしい、本当にうまい伝え方です。

だから、お母さんが障害のある子どもの自立を阻害することもあるという話も、反発を受けることなく伝えることができるのです。谷口さんでなければこれは言えません。ある意味、当事者の強みです。それに加えて、言い方のうまさもあるかもしれません。

目標は、楽しく・具体的に・実現可能なものに

グループ演習担当の武田さんは、自ら考案した京都府サービス管理責任者研修、および相談支援専門員初任者研修において使用されている「支援の基本的な考えに基づくニーズ整理シート」などの補助的道具を利用して、本人の望む生活（到達点）とニーズ（到達に必要なもの）は別物であると説明しました。演習で使用する支援計画の様式も国研修の様式と異なり、本人中心の支援計画になるように工夫されています。

参加者が、補助的道具を含め、この研修様式の支援計画書を地元に持ち帰って実践することで、サンライズ研修がめざす本人中心の支援計画が、全国に浸透していくのではないかと期待されます。

事例にもとづいて本人中心の支援計画をつくる、グループ演習開始にあたって、武田さんは「谷口さんの著書『自立生活は楽しく具体的に』で紹介したように、目標は、楽しく・具体的に・実現可能なものにすること、そうすることで、しっかり取り組めるものになる」と重ねて伝えていました。

支援者もエンパワメント

参加者の中には、うまく支援計画がつくれず一人で悩んでいる人も多いようです。この研修会に参加して、グループワークや懇親会を通

「ニーズ構造の理解」グループ演習で説明する
武田康晴さん

じてお互いの悩みを共有することができ、その後も、連絡を取り合っている人が多いと聞きました。戸山サンライズの研修は、小川さんが呼びかけたように、利用者主体の支援計画をつくりたいと思っている支援者を、エンパワメントする研修会でもあることがよくわかりました。

これからも、このサンライズ研修会によって、谷口さんの思いが全国の支援者に伝わり、障害のある人が楽しく、幸せな自立生活ができる社会の実現に、つながることを願っています。

コラム●平均受講率3倍！「個別支援計画」作成および運用に関する研修会

2009年から、谷口さんが中心になって企画運営していた『個別支援計画』作成および運用に関する研修会」は、公益財団法人日本障害者リハビリテーション協会の「全国障害者総合福祉センター（戸山サンライズ）」を会場に、年2回1泊2日の日程で開催されています。最初どのくらいの反響があるかと心配していた谷口さんたちですが、定員70名に対して1回目は419名、2回目は355名の応募があり、驚かされたそうです。その後も、毎回70名の定員を大幅に上回る受講希望者が集まる人気の研修会として、現在まで続いています。

2005年に、地域移行と就労支援を目標として掲げた「障害者自立支援法」が制定され、施設中心から利用者中心のサービス提供を目的とした、障害者ケアマネジメントが制度化されました。新たに相談支援専門員やサービス管理責任者という専門職がつくられ、2012年には「サービス等利用計画」および「個別支援計画」の策定が必要になりました。しかし、都道府県で開催されている相談支援従事者初任者研修や、サービス管理責任者等研修において、1回の演習を受けただけで実践しなければならない専門職の人たちは、現場で、どうしたら利用者主体の支援ができるのか苦慮していました。その実態を知った谷口さんは、「利用者ニーズを充足させ、望む暮らしを実現させるための個別支援計画について、より深く学べる機会を提供したい」とこの研修会を企画したのです。

「研修に来る多くの人たちは、計画の書き方という『技術』を欲しているはずですが、この研修は計画の『理念』『本人中心の個別支援計画の意義』を伝えるものとなっています。これで、どれだけ人が集まるだろうか？　たぶんこの研修は2、3年すると人が来なくなるな」と小田島さんは思っていましたが、なんと、今も続いています。

『障害のある人の支援計画』を出版

２０１５年、個別支援計画研修の内容をまとめた本が、出版されました。小田島さんは、この本の出版について次のように振り返っています。

「２００５年２００６年２００７年と厚生労働科学研究で、ニーズとかエンパワメントとかを谷口研究班として研究していました。それが埋もれてしまうと思ったので『谷口さん、本にしよう』と、個別支援計画研修の仲間が集まりました。発行するまでに1年かかりました。谷口さんの原稿が遅かったのです。辛抱しました。私は何回か『やめようよ』と言いそうになりました。でも、この本を世に出すことの意義をみんなが共有できていたので、何とか完成しました。谷口さんは忙しかったのでしょう。それに口に棒をくわえて、パソコン打つわけですから、時間もかかるし、首が結構きつかったと思います。結果と

『障害のある人の支援計画―望む暮らしを実現する個別支援計画の作成と運用』（谷口明広・小川喜道・小田島明・武田康晴・若山浩彦／著、中央法規、２０１５年）

して、この本は谷口さん最後の書籍になってしまいましたから、やっぱり出版できてよかったなって思います」

7 パパと一緒で楽しかった！——みずほさんインタビューより

谷口さんの伝記を書かせていただこうと決心して、ごあいさつに伺った2018年6月から、取材で京都に行くたびに、ご自宅に招いていただいています。武田さんのご家族も一緒に飲んで、食べて、いろいろなお話を聞かせていただきました。谷口さんがいた頃も、毎日このようなにぎやかな夕飯だったのでしょう。谷口さんから「眺めのいいマンションに引っ越したから、ぜひ遊びに来て」と誘われていたのに、生前は一度もお邪魔することができませんでした。それが本当に心残りです。

私は、みずほさんに会ったら聞きたいこと

がありました。それは、研究所の職員がいつも一緒にいることが気にならなかったのか、ということです。「言いたいことも言えなかったのでは」と心配していましたが、まったくそんなことはなかったようです。

「実家はいつも人の出入りが多かったので、他人が家にいても気にならないんです。だからみんながいてくれてもまったく平気でした。気をつかって、言いたいことも言えないなんてことは、一切ありませんでした。

夜になって会議や飲み会の後に、パパがいろんな人を連れてくるのも平気でした。キッチンでご飯をつくっていて、その匂いを嗅ぎながら帰るというのもどうかと思いましたので『お腹空くから食べていったら』と声をかけました。一緒にご飯を食べれば楽しいし、その後、パパの介助を最後までしてもらえて助かるのです。それを狙ってるわけじゃないけれども、結果として好循環になりました。二人の時間を大事にすることで、介助でしんどいみたいになるよりよいと思います」

障害があるからおいしい

「最後に、読者に伝えたいことありますか」との問いに、みずほさんは次のように語ってくださいました。

「一生懸命生きました。本当に楽しかった。

今は障害のある人も結婚するのは当たり前だし、子どもを産むのも当たり前になってきました。でも、形としては結婚して子ども産んだりしているけれど、こぢんまりしている感じがするのです。今はそんなに努力しなくても一人暮らしができるけれど、中身はどうなのかなと思ってしまいます。おもしろおかしく暮らしている人って、あまり見当たりません。よく考えたら、障害のない人だってそうかもしれません。

パパとの暮らしは、本当におもしろおかしかった。障害があるから、歩けるから歩けないから、どうこうではなく『歩けなかったら、その後どうするの』ということが問題なのです。いろいろできることはあると思います。

障害は人生における、おいしいポイントの一つのようでした。関西出身とか、その人の特徴の一つというか、『家がめちゃくちゃ貧乏だったんですよね』という、貧乏自慢みたいな感じでしょうか。障害があるからおいしいのです。アベベさんもよく『先生、障害がなかったら今のようにはなってなかったですよ』って言っていました。

うちはみんな普通です。障害があるからどうこうというのは、ないのです。パパは外では『先生』でいろいろ言っていましたが、家ではよそのご主人と同じようにあきらめモードでした。違っていたのは、ストローでビールを飲んでいたことくらいです」

武田さんが「みずほさんとなんで結婚した

2007年10月ロサンゼルスディズニーランド（前列左から拓海くん、あずみさん、谷口さん、後列左から武田さん、岡本さん、徳竹さん、みずほさん）

の？」と何回聞いても、谷口さんは「おもろい。一緒にいて楽、すごく楽しい」としか言わなかったそうです。谷口さんは「おもろい」という価値観を、なによりも大事にしていた人でした。それはみずほさんの価値観とも共通していたのではないでしょうか。

「家庭生活は普通です」という言葉が、みずほさんのインタビューの最初から、何度も出てきました。障害のある谷口さんとの暮らしを普通と言えるところが本当にすごいと思いました。結婚する前から、谷口さんと話し合い「介助者ではなく妻になります」と宣言し、普通の家庭を築いてきたみずほさん、最高のパートナーです。

第5章

座談会　唯一無二の人

——谷口さんは何を伝えたかったのか

小川喜道
（神奈川工科大学工学教育研究推進機構地域連携・貢献センター長）155 ページ

小田島明
（社会福祉法人浴風会認知症介護研究・研修東京センター運営部長）126 ページ

鐙本智昭
（曹洞宗清浄山真観寺住職、三原市福祉のまちづくり推進協議会副会長〈事務局長〉）97 ページ

武田康晴
（華頂短期大学教授・司会）229 ページ

＊数字は、出席者のインタビュー、寄稿の掲載ページ。参考にしてください。

伝記の最後は谷口さんの活動をまとめるため、武田康晴さんを筆頭に、谷口研究班として一緒に厚生労働科学研究に取り組んだ小川喜道さん、小田島明さん、鐙本智昭さんによる座談会を開きました。テーマは急逝してしまって聞けなかった、これからの障害福祉のあり方や展望を含めた「谷口さんは何を伝えたかったのか」です。

谷口さんの一番弟子である武田さん、大人になってからできた親友と言われた3人だからこそ知る「これぞ谷口さん」というエピソードの詰まった座談会となり、「夢を実現させるための九カ条」と谷口さんの実践についての疑問も解けました。インタビューだけでは知ることのできなかった、谷口さんの思想の根幹に迫る記録となっています。

（２０２０年11月収録）

1 谷口さんとの出会い

武田　谷口さんとの出会いを絡めながら、まず自己紹介をお願いします。

小川　もしかすると、谷口さんとの出会いは私が一番古いかもしれません。30代後半だった１９８６年、一生懸命働いて、わりと乗っていた頃でした。いまも毎年行われている総合リハビリテーション研究大会では当時いろいろ発表もできて、私が勤めていた神奈川県総合リハビリテーションセンターからも、自立生活プログラムに関する発表をしていました。その年の研究大会で、谷口さんの非常にパワーのある報告がありました。確か、重度障害者の自立生活をテーマにした話だったと思います。施設にはその頃毎年10人ほど、養護学校

（現、特別支援学校）を出た脳性まひの人たちの入所があり、いわゆる社会生活訓練をしていたときでした。だから谷口さんの話がピッタリでした。みんなが自立できる力をつけてほしいと思い、知り合いになって施設に講演に来てもらおうと、声をかけました。すると谷口さんのほうから「呼んでくれたら行きますよ。呼んでくださいよ」と積極的な言葉をいただきました。後日さっそく連絡を取ったのが、つきあいのスタートになりました。

それからかなりの長期間、少なくとも年に2回、谷口さんを迎えての講演会が続きました。

小田島　私が谷口さんと出会ったのは１９９９年です。この年4月から厚生省（現、厚生労働省）の障害福祉課で専門官をしていました。ちょうど98年から障害者のケアマネジメントを全国に普及する取り組みが始まっていて、その年から谷口さんも関わっていました。いろいろな研修が実施されましたが、戸山サンライズで行われたケアマネジメントの研修で会ったのが最初でした。

その後は、国の障害者ケアマネジメント従事者の指導者養成研修などを一緒に実施する機会がたくさんありました。会うといつもにこやかで、肩肘はらず、常に自分の言葉で話していました。ですから谷口さんと話していると、私も緊張がほぐれて楽でした。

制度のこともいろいろ相談できました。時代はちょうど支援費制度への移行時期、つまり、措置から契約への大きな曲がり角でした。その時に谷口さんといろいろコミュニケーションをとったことが私にとって仕事のエネルギーになりました。

5年後に専門官から障害者福祉の現場に戻ったのですが、専門官在任中に交流があった人たちとの関係はかなり希薄なものとなっていきました。おつきあいもそれで終わった人がたくさんいます。その時に谷口さんから声がかかり、専門官の終盤の仕事の一つで小川さんにお願いした研究事業の打ち上げとして、みんなで温泉に行きました。

そこで、谷口さんから「小田島さん、厚労科研やろうよ」と次の課題が提起されました。私が専門官という一つの仕事を終えて疲れていて、これからどうしようかと思っているのを見抜いていた谷口さんの、「これからも、あんたと一緒にやっていくよ」という意思表示でした。それがすごくうれしかったのです。

その時の思い出が強く、すごく大事な存在だった谷口さんでしたから、まだまだ一緒にやりたかったという思いがあります。歳も一つ違いで、同じ時代を過ごし育ってきています。そういう意味でも親近感のある、何でも話せる友人でした。

鐙本　私は障害者支援施設、かつて身体障害者療護施設と呼ばれた入所施設で主に相談業務に携わっていましたが、１９９４年に療護施設の全国研修大会が広島でありました。その時のシンポジストの一人が谷口さんで、「地域で暮らすうえで療護施設に期待すること」というお話でした。それが谷口さんの名前を知った最初でした。

その後、障害者のケアマネジメント事業に向けた国の指導者養成研修第2回に参加する機会をいただき、その時の講師の一人も谷口さんでした。内容に深い共感を憶え、たいへんわかりやすく、しかもおもしろい話をする人だと感じ、いろいろ質問をしました。さらにその後も、たぶん戸山サンライズだったと記憶していますが同じような研修があり、そこでも谷口さんが講師で、また私が現場で日頃感じている疑問や不満、矛盾に満ちた現状について〝いやらしい〟質問――当時、私もずいぶん尖っていたのでかなりきわどい質問をストレートにして、谷口さんを困らせました。そのせいでインパクトも強かったのだと思います。

そうこうするうちに三原市で、広島県内2番目のケアマネジメント事業がスタートすることになりました。それに際して2001年3月に開かれた講演会に、三原市に推薦して谷口さんをお招きしました。それから三原と谷口さんとの関わりがずっと続くことになったのです。

その後も広島県内の各地にはよく来ていただいていたので、谷口さんが広島を訪れた際に「どうしているの。一緒に呑もうよ」と声をかけていただくのが一番うれしいことでした。

武田　確かに谷口さんは「ちょっと変わった人」が大好きでした。

私の谷口さんとの出会いは大学院です。さんざんご飯に連れていってもらって、タダで食べさせてもらうのは心苦しいので場を盛り上げて、終わったら一緒に谷口さんの家に行き、入浴を介助して、帰るのが面倒なので泊めてもらって朝の介助をして……、という関係が始まりました。後で聞くと、そうやって後輩たちで介助者をつないできたようです。

そして卒業の時に「研究所を一緒にやれへんか」と誘ってもらったのが、単なる先輩と後輩ではなく本当の出会い、谷口と武田の関係のスタートラインだったと思っています。

そこからはずっと、公私ともに家族ぐるみの関係でした。後に谷口さんの元を離れてからも、ほぼ毎日電話していました。うちの子どもたちは、いまでも谷口さんのことを「じぃじ」と呼びます。

1990年バークレー　小川さん、谷口さん

小川　谷口さんは、うちの施設の利用者のこともよく覚えていました。折に触れて「○○さんどうしてる？」「□□さんはもう退所して何かしてる？」などと聞かれました。施設を訪れたときは利用者とも親しくなって、若い脳性まひの人たちも谷口ファンになっていきました。

2　抜群のコミュ力

武田　その後も関係が続いていくなかで、何かトピックスやエピソード的なことがあれば紹介してください。

小田島　人を大事にする、人にどううまく接するか、というところでこんなことがありました。私は厚労省にいて、支援費が翌年から始まるという頃でした。

上司から「当事者に会いたい。誰かいないか」と相談されました。「じゃあ、谷口さんに会いますか」と推薦しました。谷口さんは警戒していたようでしたが、「とりあえず会いましょう」ということになりました。

谷口さんに厚労省に来てもらい会談が始まりました。どうなることかと思っていたら、谷口さんは笑顔で、上司の話をすごく肯定的に受け止めて「そうですね。いいですね！」という受け答えをしていました。上司は「この人、それまで接した当事者とは違うぞ」と思ったようで、会談はすごくうまくいきました。

相手をしっかり受け止めて、自分も伝えていく。それは否定的ではなく、必ずポジティブに受け止めて返していく。その姿を見て、谷口さんのコミュニケーション力の高さに思わず、すごい人だと思った記憶があります。

それは谷口さんの技術ではなく、谷口さんがもっている人と人との間をつなぐ力だと思います。それがその時、すごく勉強になりました。だからいまでも、人と初めて接する場面ではそのときの光景が常にあり、その人を全身で受け止めなければと思っています。

愛知淑徳大学の黒川文子准教授の文章のなかに「経験を積んだ初心者であれ」とありますが（141ページ参照）、谷口さんのすごさは、まさにこれだと思います。

武田　谷口さんは人がすごく好きで、敵をつくらないようにしようと、相手を肯定してどんどん進んでいくところがありました。その一方で、昼間のパパはカッコいいけど家のパパはだらしない、というような二面性もありました。たぶん、素の自分はそんなに純粋に誰でもウエルカムではないと知っていたのかもしれません。だから余計に、外では意識的にみんなと仲よくなろうとしていた面があるようにも思います。

鐙本　見方を変えると、いろいろなところで営業活動をしていたと見ることもできます。大学の先生になるまでは経済的にもかなり厳しかったでしょうし、社会的なポジションを築き上げるまでは相当な苦労だったと思います。営業活動としてのスマイル、そういうコミュ力が非常に高いのはそういう背景もあったのではないでしょうか。素の谷口さんはときどき、そのあたりの「合う」「合わない」をポロッと漏らすこともあったように思います。

武田　いまのは「コビ力」ですか。

鐙本　「コミュ力」です。

武田　私には「媚び力」と聞こえました（笑）。

鐙本　私は、たいへんすぐれた営業マンという見方もしています。それによって救われた人もたくさんいると思います。

武田　そうなのです。結果として救われて、元気になっていますから、互いにウィン・ウィンの関係になっているとは思います。

関連して谷口さんの教えがあります。たとえば講演に呼ばれます。10依頼されて7～8割返せたら「ありがとうございました」と言われます。もしうまくいって10返せたら「すごくいい先生に来てもらえた」と喜ばれます。「でも12返さないと翌年呼んでもらえないよ」というのが、谷口さんがいつも言っていたことです。

個人の研究所ですから、自ら仕事を増やしていかなければなりません。一回の話で満足されて終わりではダメで、「来年呼んだらもっといい話が聞けるかもしれない」と思ってもらってナンボと……。だから「媚び力」と聞こえたわけです。

小川　営業力があるから研究所も成り立ってきたし、最終的には博士号を取って教授にもなるわけですが、やはりベースはコミュニケーション力だと思います。それから人間関係を接続する力です。私はそれでずいぶん人脈を広げることができました。

たとえば谷口さんは同志社でしたから、同志社出身の人をよく紹介してもらいました。地域福祉学会などで関西に出向いて谷口さんに会うと「みんなで飲み会するから京都に来ない」と誘われて、食事をしてカラオケにもついて行ってワイワイやった人たちとは、その後もずっとつながっています。連絡したり、学会などで会えばいまだに立ち話をしたりします。

それが彼のもっている力です。

武田　谷口さんがいるとそこに人が集まってくるのは、私もいつも感じていました。学会で車いすを押していて、止まるとすぐに「谷口さん」と人が集まってくるのもそうです。

また、谷口さんに「世話になった」と思っている人たちがものすごくたくさんいます。実際はみんな、谷口さんの介助を手伝っていた人たちです。私もその一人ですが、本当に「世話になった」と思っているのです。そう思わせてしまうコミュニケーション能力がありました。「人たらし」（笑）と言えばいいのでしょうか。人が集まってきてしまうというか、そういう感じはいつもありました。

でも私は、実際に谷口さんが世話をしているところを見たことがなかったので、後に「どういうことで世話になったのですか？」と聞いたことがあります。するとある夫婦は、内緒でつきあっていた頃、「谷口先生のところに行ってるから」とデートのアリバイづくりに協力してもらったと（笑）。あるいは、休学していたある留学生の学費を谷口さんが肩代わりしていたこともありました。こうして聞くと本当だったということも、大なり小なりありました。

たぶん、損得を考えずに「任せとけ。後のことは何とでもなる。とりあえず来い。飯食わしてやる」というようなことが、たくさん起きていたのではないかと思います。

3 介助を受ける達人

鐙本 谷口さんは「巴投げ」が得意でしたよね。介助者に対して巴投げをすると……。それで何人くらい〝犠牲〟になったのですか。

武田　介助者が谷口さんを前抱えにして座る際、谷口さんが意図的に勢いよく後ろに転んで、巻き添えのような形で介助者がクルッと回って後ろに倒れる――、これがその「巴投げ」です。それはよくありました。みんなは「やられた」と言っていましたが、私はやられたときに〝倍返し〟をしたので、その後はやられなくなりました（笑）。

鐙本　私はそれも谷口さんの魅力の一つとして印象に残っています。普通の介助者と障害のある人の、支援する人と支援される人という上下の関係ではなく、対等の立場で相互に強い信頼関係で結ばれた強烈なスキンシップですから。

小川　私は１９９０年にアメリカに行って、10日間ほど谷口さんと一緒でした。いろいろな都合でそのうちの４日間は、車の運転からおしっこや入浴の介助など全部を、私だけでしなければならなくなりました。職場で入浴介助の仕事はありましたが、朝から24時間全面的に介助という経験はありません。「小川さん、大丈夫だから」と言われても、「あそう……。知らないよ」などとさすがに不安でした。

ところがその４日間、介助したという感じがなかったのです。谷口さんは私が介助しやすいようにちょっと腰を動かしたり、身体を反らしたりします。おしっこなどの介助がしやすいように反らすわけです。車に乗るときも、持ち上げる際に自分で肘を当て

1990年ロサンゼルス　谷口さん、小川さん、みずほさん、鈴木さん

るなど、すごく上手でした。

それればかりか、おしっこをしている間の会話などがすごく楽しかったのです。介助を負担と思わせないのも、いろいろな人に介助を依頼してベテランになっていたのだろうと思います。私としてはすごく楽しい介助生活でしたから、たぶんいまの「巴投げ」などはもっと親しい間柄の人の場合で、初めての人なら初めての人なりにと、介助を受ける各種の技をもっているという感じがしました。

小田島　どうしたら相手がニコッとするだろうと直感的に考えて、すぐに行動していましたね。たとえばアベベ（岡本さん）は、それがわかっているから谷口さんが投げたボールを必ず打ち返していました。それで谷口さんがまたニコッとする。だから、二人がくだらない会話をしながら介助を受け、介助をしている姿を何度も見ました。楽しそうで、つい吹いてしまうような感じでした。

武田　谷口さんの話に出てくる人には会ってみたくなります。たとえばお母さんの話――。

「遠くで見たらポストかなと思って近寄っていったらうちの母でした。真っ赤な洋服が大好きなんです。親って、自分の好みを子どもにおしつけるんですよ。だからあるとき気がついたら、僕の引き出しも真っ赤な洋服ばかりでした」

こんなふうにして笑わせた後「でも、親と子って好みが違うんですよ」と本質をズバッと指摘するのですが、そんな話の登場人物には愛着がわいてきます。そんなところも、周りに人が集まってくるゆえんかと思うのです。

4 「おもんない!!」

武田　さて話を、どんな影響を受けてどうなっていったのかなど、「谷口さんから得たもの」というテーマに移していきたいと思います。

鐙本　私も広島県の研修で講師として引っ張り出されていますが、谷口さんが亡くなられたいまでもずっと影響を受け続けていて、必ず「谷口さんはこういうことに着目して、こういうことをしてきた」と私なりに感じたところを伝えるようにしています。谷口さんは、すごく本質的なところを鷲づかみにして実践してきた人だったと思っています。

最近、広島県の主任相談支援専門員の研修で講義を担当することとなり、『コミュニティソーシャルワークの新たな展開―理論と先進事例』（中央法規）という書籍に触れる機会がありました。その本の第1章第1節の「コミュニティを開く新たな参加論」というページに、「正しさ」と「楽しさ」と題して書かれている内容に目を引かれました。私なりに解釈をすると、「楽しさ」という感性的な要素が「正しさ」を活かすためにたいへん重要かつ必要な要素であり、いまの福祉に求められている、とでも言えばいいでしょうか。

振り返ると、谷口さんの最初の著書（谷口明広・武田康晴『自立生活は楽しく具体的に―障害をもつ人たちの「個人別プログラム計画」』かもがわ出版、１９９４年〔74ページ参照〕）も、楽しさが前面に出ていました。また谷口さんは本質を正しくズバリ言うだけでなく、感性的な「楽しさ」の重要性を伝えていたのではないかと感じています。そこはいまだに新しい学びで、すごくインパクトがあります。

確かに福祉の人はみんな「正しいこと」を実践しようとしていると思いますが、本人にとって意味のあることや、本人を突き動かす原動力となる「楽しさ」の重要性を認識し、本人のモチベーションを高める支援を追求しようとする支援者は多くはないと感じています。当事者も支援者もみんな「楽しさ」にたどり着くような福祉を求めていたのかもしれないと、いまつくづく感じているところです。

もう一つ、強く脳裏に焼きついているのは、車いすに「グレートドリーマー」と書いていたことです。たったそれだけですが、そういう姿勢や生きざまに、私はグサッときました。

武田　その「楽しさ」の話です。実は私たち、小田島さんと小川先生が新宿で取り組んでいるサンライズの研修などでも、谷口さんからちょっとした〝被害〟を被ったことがありました。

というのは研修終了の30分ほど前になって、内容がほぼ固まってきたグループの個別支援計画を谷口さんが横目で見て、「おもんない！（おもしろくない）」とひっくり返すのです。みんながすごく時間をかけてつくったものに対して一言で全否定ですから、あわてて講師陣のなかで手の空いている人が行ってフォローし、なんとか繕ったことが何度もありました。

公的研修会ではない戸山サンライズの研修のような場では、最後に個別支援計画が完成しなくても、谷口さんが「おもんない」と言ったことをどう捉えるのか、その計画で支援を提供され続ける当事者の立場になった時にどう考えるのかなど、参加者が考え気づくことができればいいわけです。

でも谷口さんは、行政主催の公式な研修会でも同じでした。最後の最後に「おもんない」でひっくり返されて、相手が谷口さんだから大きな声では言わないものの、「もう30分しかないのにそんなこと言われても」と怒り出す人もいました。そしてそれには、講師陣にも賛否両論がありました。

けれども、その場にいて「あっ！」と気づく人たちも多いのではないかと思います。少なくとも京都では、その価値をわかっている人たちのほうが多い感じがします。

結局、実は「おもしろくない」と思っていても、誰もそんなことは言わないし、言えません。だから谷口さんの言葉はその代弁だと思っている講師はたくさんいます。私は谷口さんが亡くなった後に研修の統括を引き継ぎましたが、「谷口さんだったらこう言いますよ」などと、まだ谷口さんの名前を借りてしまいます。

さっきの「赤いポスト」の話のように参加者を笑わせながら本質を伝えるような部分は、障害者ケアマネジメントなどシステムが構築されていくと失われていきがちです。けれどもそれこそが、私たちが個別支援計画の戸山サンライズの研修でやり続けなければいけないところではないか、と私は思っているところです（戸山サンライズ研修について詳しくは190ページ参照）。

小田島　この学びの場で参加者に何を学んでほしいのか、谷口さんは一本筋が通っていました。この計画を実行する障害当事者が、何を自己実現していくのかという本質的なことを考えているのか、と常に問いかけていました。それが「おもんない」という言葉です。私がせっかくオブラートに包んで言っているのに、ニヤッとして「小田島明も丸くなったな」と言われました。私はそれを「本質で言え」という裏返しとして受け止めていました。みんながその本質を大事にすることが、一人ひとりが生きる支えになるというメッセージだったと思っています。

だから、そこはテクニックではありません。その人にどう寄り添うかです。計画を考え、計画書を見て、それを実行するときに、「楽しい」とニッコリ笑えるのかどうか。それこそが評価のポイントだと、谷口さんは行動で示していたのだと思います。

なぜ楽しさを求めていたのか。天性の性格による部分もたくさんあると思いますが、「これは楽しい」ということがなければ生きている価値がないと言っても過言ではないし、それを求めることが自分らしく生きることだ、と谷口さんは言っていたのだと思います。だから研修で、この計画ではこの人はニコッと笑えない、おもしろくない、と指摘していたのです。言われて「そうか」と気づいた人がたくさんいたというのも、その一言で本質がどこにあるのかがわかったからだと思います。

だから、武田さんは「繕った」ということでしたが、私はニヤニヤ笑っていました。「ああ、言ったな。よかったな」くらいの気持ちでした。

小川　小田島さんは戸山サンライズでの講義でいつも、「みなさんは目標をもって生活していますか」とか「個別支援計画、あなたは自分の計画書をもっていますか」などと問いかけていますね。いまの障害者福祉は、施設入所でも通所でも、サービス等利用計画があって個別支援計画があってその間アセスメントされて、そしてサービスを受けるという仕組みですから、おもしろくなくなってしまうわけです。

本来なら、楽しく快適に生きる、何かしたいことが実現するものでなければいけませんが、それを縮めていくような制度設計になっています。施設ではケガをしないようにとか、安全に1年が過ごせるようにとか、通所では作業の効率などが強調されます。谷口さんはいつも「何個つくればいい、みたいなことやってんじゃないよ」と言っていました。

そういう状況にみんなが慣らされてしまっているから、あの〝卓袱台返し〟があるのです。あなたたちがつくっている計画は、それでその人の人生をつくっていけるのか、という問題提起だと思うのです。けれども、くやしいことに谷口さん亡きいま、小田島さんが冒頭の講義で触れるなど端々でしか出せないかもしれません。でも、出しているのがせめてもの救いです。本当は谷口さんに〝卓袱台返し〟をしてほしい。

そしてみんながフッと気づくことが大事です。

それは谷口さんにしか言えないことで、谷口さんだから言って響くのだと思います。だから谷口さんがいないことは、私たちにとって非常に残念なことで、それをどう埋め合わせようかと悩むところです。

武田　システムや手続きは誰のためか、ということですね。計画は本来、障害のある当事者が生きやすくなっていくため、自己実現しやすくなっていくためにあるべきです。現実には、それが必要ではない人まで立てなければなりませんし、きちんと立てなければいけません。きちんと立てると、「おもろい」ものはあまりなじまなくなっていきます。すると結局は、支援をする側がちゃんと仕事をしているかどうかを管理するため、あるいは監査するための計画になっていってしまいます。

そこに「いや、そもそも何なの」と言っているわけですね。自分が一人の障害者として求めるものは、きちんとした計画でも、きちんとした介助でもなく、「おもろい人生」を送りたいということ、それが本質だと思うのです。だから支援者には、それを支援する覚悟が問われます。

鐙本　谷口明広という〝ひと〟を生んだのは、時代背景や社会環境もかなり大きいと思います。彼は、まだ座敷牢があるような時代に育ち、就学免除も経験しています。特に高度経済成長に伴って障害のある人間はまったく無用とされた時代もあったわけですから、すべてを個人的な要因だけに還元するのではなく、その時代や社会に求められ、生まれ育てられた谷口明広という〝ひと〟の〝人生〟、生きざまがあったという見方も必要だと思います。

その生きざまのなかで谷口さんは、障害のある人がどうやって魅力を獲得していくのかをずっと言い続けてきました。私は、谷口さんの本のなかにはすごく重いこと、大切なことが書いてある、という見方もしています。

そうした重たさに押しつぶされないで、笑い飛ばしながらも大切なことを実践、実行する力を、彼は成育過程で身につけていったのかもしれません。それにはお母さんをはじめご家族、学校の先生など周囲の方々の影響も大きかったでしょう。そういう見方もあっていいのではないかと、私は勝手に想像しているところです。

論語に「之を知るは、之を好むに如かず。之を好むは、之を楽しむに如かず（知之者、不如好之者。好之者、不如楽之者）」という言葉が出てきます。知っていることより好きであること、好きであることよりも楽しむことのほうが勝る――、というような意味です。

谷口さんの生きざまは、「之を好むは、之を楽しむに如かず」と重なってきます。刹那的な快楽や楽しさを越えて、ポジティブに、主体的に、自らが「楽しむ」ものに転換していった。そこが彼の魅力の一つだったと思います。ズバリ本質をつき、いろいろなことを知り、自分を好きになって、さらに自らの〝人生〟を「楽しむ」ところへ昇華していった、そういう魅力ある〝ひと〟になるための姿勢、考え方、人生のありようを、谷口さんの生きざまに学んで、縁のある人たちに伝えていきたいと思っています。

5 「夢を実現させるための九カ条」

武田　谷口さんは「夢を実現させるための九カ条」（2ページ参照）を残しています。これについて話を進めたいと思います。

1つ目は「自分のことは自分自身で考えろ」です。『自立生活は楽しく具体的に』には、夢や目標は両親や周囲の人が決めてきた歴史のなかで、自分の人生は自分で生きていく、すなわち自立や自己決定、そして決めたことについては自分で責任をとることが大事だ、という旨の説明があります。

小田島　たとえば講演に行って控え室でコーヒーが出てきたとき、それにすでに砂糖が入っていたら「なんでワシに決めさせせんのや」と絶対に飲まなかったという話を、谷口さんは幾度か話しています。〝コーヒーには必ず砂糖が入っているもの〟だとか、〝谷口さんは自分では入れられないだろうから入れてきた〟というのはおかしい、と……。

一見ワガママのように思われることも、些細なことから自分で決める場をきちんと用意してほしいし、そのことを主張しなければいけない、そこから自己決定が始まる、と常に強調していました。私のなかで、それは大きなエピソードとしてずっとあります。

鐙本　それに反することを谷口さんにしたことがあります。三原で研修があって、谷口さんがうちに泊まったことがありました。

「せっかく寺に来たんだから鐘をついて帰ろうよ」

「いや、俺はいいよ。そんなことするなよ」

そういう谷口さんを、私と小田島さんや平岡さんと車いすごと担いで、無理やり寺の鐘をつかせました。

「よせよー」

「うるさい、お黙り。寺に来たら鐘をついて帰るもんなんだ！」

2005年11月22日　三原市　鐙本和尚の真観寺にて鐘突き
平岡さん、小田島さん、谷口さん鐙本さん

いわば自己決定権の否定であり、自分で決められない状況をつくったわけです。後に谷口さんはそれを講演のネタにしていました。

小田島　あの鐘つきも、谷口さんはわかって楽しんでいますよ。あの時の写真は、すごくいい顔をしていますから。むしろ谷口さんは鐙本さんの個性を引き出して、それを楽しめる人だと私は思いました。実際、帰ってから「すごく楽しかった。修学旅行を思い出した」と谷口さんから聞いています。

武田　自己決定をすごく大事にしているとわかった上でのつき合いなのだと思います。だから一緒に楽しめるのではないでしょうか。そういう意味で、谷口さんが人を好きになるキーワードはやはり「おもろい」だと思います。私もふと聞いたことがあります。

「なんでずっと私と一緒にいるんですか？」

そしたら、そんなに悩まれてもと思うほどすごく悩んで、こんな答えでした。

「わかんないんだよ。でもおもろいんだよね、タケちゃんといると、とにかく」

谷口さんが人を選ぶ価値観は、そういうところにあるように思います。

するとと最初の「自分のことは自分自身で考えろ」は、自分一人で考えるとか、自分で考えたこと以外は認めないという話ではなくて、自分のことは自分で考えるのだけれども、おもしろい仲間と一緒に考えて、時に自分の考えたことと違うことになったとしても、それを楽しめることが大事だ、ということになってきます。そういう「自分」がなければ楽しむことはできません。自分のことは自分で考えるからこそ楽しめるのだと思います。

小川　改めてこの「九カ条」を読むと、一見してそれぞれ内容が違うように見えながら、結局は一つではないかと思えます。要するに「自分の人生を歩め」ということだと思うのです。

障害のある人たちのなかには、本当に自分の人生と言えるのかという状態にある人もいます。確かに制度や政策が前提にあるかもしれませんが、同時に「それを使うのはあなた自身ですよ」という突きつけがあるのだと思うのです。結局一人ひとり、自ら歩んでいく力をもたないといけない。そのためにわかりやすく小分けにするとこういう「九カ条」になる、ということではないでしょうか。

だから「自分のことは自分自身で考えろ」とは、自分のことを考えたときに、好きなことをまず財産にしていくと、それが最終的に得意技になったり自分の自信になったり、いろいろなことにつながっていくということだと思います。

4番目に「できるだけ上手に他人を使え」とあるのも、結局は好きなことをしたり得意技をもったりすることにリンクしている気がします。谷口さんは介助を受けているけれども、介助をしているほうが何か受け取っている面が多かったような気がします。

武田　自分一人でできることもあるけれども、できないことがあるのだったら他人に手伝ってもらえ、ということですね。私も使われた他人ですが、私に限らずそういう人たちはみんな「使われてよかった」「楽しかった」と口を揃えます。

小川　それは誰もが感じていると思います。谷口さんは、してほしいことをわかりやすい言葉にするなどいろいろ表現しています。どんなに障害が重度で言葉がなくても、その人を介助している人が受け止めるものはあります。「使わざるを得ない」というと否定的になりますが、そうではなくて介助を受ける・介助するという関係性のなかで生まれてくるものがあります。ここでは「上手に使え」とありますが、実はもっと広いもの、介助者のほうも逆に何か大切なことを受け止めている場合もあるでしょう。そう考えてくると、谷口さんの人生観がにじみ出てくるように感じたところです。

そして、最たるものは5番目の「自分自身を大好きになれ」という、ここが大きいと思います。みなさんよく「自分のこと好き？」と聞かれていると思いますが、ここも大きなポイントだと思います。

武田　谷口さんは自分のことが大好きでした。

鐙本　昔からそうでしたか。

武田　そう言われると、そうではありませんね。

小川　谷口さんは、初めて行ったアメリカ留学（1982年）で本当の自分自身を発見したのだと思います。その後私が谷口さんと一緒にアメリカに行ったとき（1990年）、谷口さんの紹介でいろいろな人と食事をしたり話をしたりしました。そのどこでも、谷口さんはものすごくにこやかに大声で話し、歓待されました。

極めつけはエド・ロバーツに会ったときです。3時頃でしたが彼はまだ昼食前で、介助者の介助でハンバーガーを食べながらの対談になりました。エド・ロバーツはものすごく熱が入っていました。話すたびに呼吸器を外してまた呼吸器をつけるというくり返しで、2時間近くなると気を失いそうになりながらも、話が続きました。

谷口さんはそれらの人たちについて「この人とはこういう関係なんだ」と、それぞれ自慢げに生き生きと紹介していました。だから後にいろいろなことにチャレンジするパワーは完全に、アメリカに行って上がっていると思います。本当に隅々までよく知っていて、私は道がわからないから車を運転するにも、ナビは全部谷口さんでした。ものすごく詳しかったから、最初のアメリカ留学はすごい活動量だったのだと思います。

武田　いろいろな人との出会いのなかですごく変わった部分があるのではないかという話ですが、みなさんとの出会いも振り返りながら、谷口さん自身が自分自身に自信がもてていたのかどうかについて、感じることはありますか。

小田島　私は、谷口さんがそんなに自信をもっていると感じたことはあまりありません。ただ、肢体不自由児養護学校のお母さんたちとカラオケに行って替え歌を歌っているときが、「どうだ俺、うまいだろう」と一番自信がありそうでした。みんなその替え歌に大爆笑でした。

常に笑顔とユーモアを忘れず、相手をニコッとさせることにまじめに精いっぱい取り組んでいる姿が、逆に剣ヶ峰を歩いているような厳しさを伴うもののようにも見えました。余裕はなかったのではないかと思います。

私も、「九カ条」の「5．自分自身を大好きになれ」がポイントだと思います。なぜかと言えば、「5」を私自身に置き換えたときに、自分が自分を好きなのかはいつも問われていることで、それは自分の生い立ちや過去の行いも含めて好きになれるかどうかです。谷口さんにしてみれば、障害をもって生まれて、そのことだけでも自己を否定する材料でしかないような重荷を背負っていました。しかしアメリカに行って、それが爆発して消し飛んでいくイメージを実感できたのではないかと思います。

そうすると谷口さんが生きている間、これは「夢を実現させるための九カ条」であると同時に、生きるためにこの「九カ条」を守る、それは障害があるなしにかかわらず、人間が生きていくための「九カ条」だったのだろうと思います。谷口さんは特にこの5番を常に自分に言い聞かせながら生きていたのではないかと思います。

武田　全部「～なれ」「～もて」などと命令形で書かれていますが、谷口さんは自分に対して言っていたのではないかとも読めます。

小田島　いつも自分とのせめぎ合いがあったから、常にそこで勝負していました。いろいろな経験があってもその時が初めてで、いつ悪いほうに転んでも仕方がない、だから一生懸命する、というような剣ヶ峰を歩いている姿だったのではないかと思います。

そうすると、私は自分のことを好きになれていない、谷口さんにはおよばないと思いつつ、読んでいくうちに、でも谷口さんもそうだったのだと共有できる……、そんな思いがします。

武田　谷口さんは若い障害者たちに、「自分で動け」「苦労が足りない」などと強い言葉で言うこともありました。けれども「九カ条」を改めて読み直してみて、強い言葉で言っていたのはむしろ自分自身に対してで、若い障害者たちには「自分を好きになって」「大切なことを見つけてほしい」のではないかと思えてきました。自分が探し続けて見つかったもの、うまくいったことやダメだったことも自分で経験してきたからこそ、若い障害者たちにも自分で動いて好きなことを見つけてほしいと……。小田島さんの話がそれと同じだったのでびっくりしました。

鐙本　私も自分自身を「好きか」と聞かれると、自己否定をしてきた時代があったり、いろいろ反省することもあったりします。でもこの年になると、なんとかなるという根拠のない変な自信のようなものがフツフツとわいてくるようになってきたように感じています。

そういう意味で絶対的な自信はなくても、何かあってもまあなんとかなるという得体の知れない自信、自己効力感、自己肯定感を、谷口さんはおそらくさまざまな体験や経験のなかで身につけてきたのかもしれないと想像しています。谷口さんの「九カ条」の一言ひとことには重みを感じます。自分の人生の歩みを省みながら谷口さんの「九カ条」を眺めてみると、その的確な視点に驚き、そして共感を覚え、まさに至言だと感銘を受けている自分がいます。

小川　自分のなかにある発想を並べたものだから、その意味で「9」はリアルな数だと思います。谷口さん自身への励ましと、障害がある人たちへの励ましがあるわけですね。

鐙本　谷口さんの結婚が93年で、この『自立生活は楽しく具体的に』の出版が94年でしたから、結婚に至る過程で感じたことも、この本の中には込められていると理解していいでしょうね。

武田　そうです。特に結婚をめぐっては、ずいぶん苦労がありました。だから私は、最初からイメージしていたわけではないと思います。本当にしがみついて一生懸命やっていたら、仕事や結婚、社会的立場など、どんどん手に入ったものがあったと……。そこには最初から根拠があって言ったのではなくて、半信半疑な面もありながら、外に対してメッセージを言うけれども、実は自分に対してのメッセージもあり、それが「やっぱりそうか」という形でどんどん手に入れていった、ということがあるような感じがします。

6　谷口さんは理念だ

武田　最後に、これまでの内容もふり返って、谷口さんが残してきたメッセージ、あるいはもっと伝えたかったこと、さらには今後に向けて、何かあればお願いします。

小田島　谷口さんの魅力は、会うときに一度もいやな思いがしないことです。会いたいし楽しい、終わってからも楽しかったと実感する。それがすごいことだと思います。人間だからいい日も悪い日もあるのが当然ですが、谷口さんは会うと力をもらえて、自分もリラックスできました。そういう人はなかなかいなかったと思います。

谷口さんは障害をもって生まれ、自分とは何だろうというところから始まって、「九カ条」までつくって、すべてとは言わないけども自己実現も一つずつしがみつきながらやってきました。そういうなかでみんなを楽しくしていきました。

この谷口さんと出会ったことで、先にも触れた肢体不自由児ＰＴＡのお母さんたちもやはり笑顔になって、自分が子どもを育てたことは決して間違いではなかったという安心を得て解放され、自ら事業者になっていった人を何人も知っています。

そういう意味で谷口さんは、アカデミックな業績もさることながら、ソーシャルワークとして人が生きるために大事な社会資源を育てて残しています。それは、しかめ面をしながら必死になってつくるものではなくて、「これならやれる」「このくらいなら自分もできる」「これなら自分の子どものためになるかも」と、身近なところからつくっていく道筋を示したものでした。

その道筋は、まさに谷口さんの生きざまだと思います。谷口さんが生きてきた自らの経験を語ることで勇気を得て、同じ不安をもっている人たちが事業を起こしていきましたから、そうした社会資源を増やして社会を潤していったとも言えます。そういうものは今後も残っていくだろうと思います。

これが、谷口さんの功績ではないかと思っています。だからいま、谷口さんがいないのが本当にさみしい……。

鐙本　谷口さんとは研修でも講演でも何であれ、会うと必ずお酒がついて回り、夜はいつも呑み会でした。夜に福祉を語り合い、そこから生まれた制度もあって、「三原の福祉は夜にできる」という迷言が生み出されたりもしました。個人的には谷口さんといるとすごくリラックスできるし、自分のいろいろなものが解放できます。そして、不思議といつの間にか元気になれました。あまりにも自然すぎて、谷口さんと私の関係は「呑み友達」と呼んでいましたが、それ以外に形容しようがありませんでした。本当に楽しく自然に安心して呑めました。対人援助の専門職という視点から見れば、ひとつの完成形だと言えます。彼の天性のものも大きかったのだろうと思いますが、経験と努力によって磨き上げてきたのだろうと想像し、そこには私たちがめざすべき方向性が示唆されているように思います。

彼が私に残した最後の言葉は「ソーシャルアクションが大事」ということでした。講演でも「これからはソーシャルアクションの時代だ」と言っていたのが私の耳に強く残っています。その仕掛けをどうするのか、私への宿題だと思いながら試行錯誤をしています。

小川　いま「ソーシャルアクション」という言葉が出ましたが、谷口さんの特徴は障害者運動とは違う主張の仕方だったと思います。だから障害者運動家から見れば、谷口さんは受け入れられない部分もあったのではないかと思います。

けれども谷口さんのソーシャルアクションはものすごく実践的で、たとえば障害のある大学の教員はたくさんいても、谷口さんほどの実践家はなかなかいないのです。だから、唯一無二のソーシャルアクションをしていたと思います。

具体的に言えば、支援者の叱咤激励はするけどもつぶさない、ということがあります。たとえば支援者があるべき姿になってほしいと、さまざまな具体的な手法で、直接的な援助や研修などにも取り組んでいました。それから当事者自身の内なる力を発揮してほしいと、北海道から沖縄まで精力的に全国を回って話をしてきました。それに影響を受けて自立していった人がいます。

障害者運動の意義はすごくありますし、私は障害者運動をしている人たちともつきあいがあって、その運動論もありと思っています。谷口さんはそことは違った形で、コツコツと実践していったところが特徴かと思います。

それはおそらく、谷口さんがアメリカで学んだからでもあるでしょう。向こうの運動家はジュディ・ヒューマンにせよエド・ロバーツにせよマイケル・ウィンターにせよ、州政府や連邦政府に入り込んでいっています。

谷口さんはそれを、日本でできるやり方で実践してきたわけです。目立たないかもしれませんが、本当は大きな功績があると思います。そして「九カ条」を若い人たちに残しました。本当に尊敬に値する、出会ってよかった一人です。

武田　私は、谷口さんと出会わなければ、いまの自分

ロサンゼルス視察。左から岡本さん、谷口さん、武田さん

はなかったと思っています。たぶん大学の先生もしていませんし、京都にも残っていません。妻とも出会っていませんし、当然子どもたちもこの世に存在していなかったでしょう。本当に谷口さんと会わなければ、私の人生はまったく違うものになっていました。それくらい谷口さんは、出会った一人というレベルではなく、いいものも悪いものも全部含めてとても大きな影響を受けた唯一の存在です。それが大前提です。

谷口さんと自分自身を並べると、やはり谷口さんは理念です。谷口さんがナイスなことを思いついて、でもそのままでは言っているだけですから、私たち後輩がそれを形にして実現していきます。委員会などの役職は代われても、谷口さん自身の代わりはできません。谷口さんは本当に天才です。

理論や、やり方は時代によっても上書きされていきますが、理念はそう簡単には上書きされません。谷口さんから引き継いだ理念に立ち返るとともに、理念だけで終わらずに、私が得意としている、やり方や理論で形にしていくことを、これからも考えていきたいと思います。

近年は谷口さんと離れて仕事をしていた時期が長くなっていましたから、そんなに頻繁に顔を合わせていたわけではありません。谷口さんだったらどう言うだろうと自分のなかで考えていました。毎日電話はかけていましたが、くだらない話ばかりしていました。

いまでも私は、谷口さんならどう言うだろうと考えます。理念は自分のなかに残り続けています。そして小川先生のなかにも、小田島さん、鐙本さんのなかにも、谷口さんという理念は存在し続けているのだと感じることのできる座談会だったと思います。本当にありがとうございました。

寄稿「谷口明広先生の魅力について」

武田康晴

谷口先生の自立生活論やケアマネジメント論については、博士論文をもとに出版された『障害をもつ人たちの自立生活とケアマネジメント』（谷口明広著、ミネルヴァ書房、２００５）他の著書に書かれていますし、また鈴木隆子さんからは「谷口さんとの思い出や武田さんから見た谷口さん、谷口さんから影響を受けたことについて自由に書いてください」と言っていただいたので、昔のことも思い出しながら、私の思う谷口明広先生の魅力について、少し自分自身のことも交えて書かせていただきます。

谷口先生の魅力をひとことで言うなら「人間らしさ」ということになるかと思います。人によっては、先生を「すごい人」、また神様のように言う人もいます。本書の執筆にあたりインタビューをしている鈴木さんの資料を拝見していても、改めて、先生がとても多くの人に、その人の人生に大きな影響を与えてこられたのだと実感することができます。弟子として率直に嬉しいですし、誇らしくもあります。そして、その本質は、先生が決して聖人君主ではなく、実に人間らしい（人間くさいと言ったほうが適切かもしれない）人だったからだと思うのです。

先生との出会いは、本当に古い話になり、そこから全てのエピソードを書いていては本がもう一冊書けそうですが、約30年前、私が23歳で同志社大学大学院博士前期（修士）課程に入学した時でした。今ではめずらしくもないですが、男のくせに髪を長く伸ばしていたのが目立ったのか、なぜか先輩方の飲み会でみなさんが酔ってくると「武田を呼ぼう」と声をかけてくださいました。当時の私は、全くお金がないにも関わらず「バイトをしている間に面白いことが起こったら困る」という訳のわからない理由で、誰かからの誘いを電話の前で待っていました。そこにヒット（フィット？）したのが谷口先生でした。

一度目は自転車で駆けつけたのですが、その後、ＳＳさんはじめ諸先輩方から「飲み代をおごってもらって、先生の車いすを押して家まで送り、お風呂に入れるまでがセット」というシステムを教えていただいてからは、声がかかれば文字通りダッシュで駆けつけるようになりました。呼び出され、駆けつけて、盛り上げて、車いすを押して、風呂に入れて帰る…そんなことを何度か繰り返し、飲み会以外の日にも先生の家に行って、ご飯を食べさせてもらって、お風呂や着替えの介護をすることが私の日常になるまでに、そう長い時間はかからなかったと思います。

私は、大学時代は福祉の勉強よりもボランティア活動ばかりやって学生生活を過ごしました。障害者施設を出て、一人暮らしをする人の介護に入ったこともありました。急用のできた先輩の代役で一人暮らしを始めた人の手伝いに朝から入った時のこと、何かお手伝いすることはないですか？と尋ねた私に、その人は「テレビみよう」と言いました。しばらくすると「おしっこ」と言われたので、しびんで介助して、他に何かありますか？と聞くと、また「テレビみよう」と言いました。昼になって、コンビニで弁当を買って食事介助を終えた後も「テレビみよう」、おしっこをとってまた「テレビみよう」、その繰り返しで1日が終わりました。夕方になり、用事から帰った先輩と交代して自転車で家に帰りながら「こんなボランティアは嫌だ」と思いました。その人は、しばらくして施設に戻っていきました。

谷口先生の一人暮らしは、当たり前ですが、一人暮らし自体を目的としている人たちとは全く違っていました。やりたいことが先にあって、一人暮らしは単なる手段の一つでした。そして、その「谷口先生がやりたいこと」は、障害当事者や障害者福祉に関わる多くの人たちにとって、大切なことに気づくテキストでもありました。谷口先生が書いた最初の著書『自立生活は楽しく具体的に』（かもがわ出版、1994）には、障害者が「夢を実現させるための九カ条」として、1．自分のことは自分で考えろ、2．好きなことを勉強しろ、3．どんなことでもよいから得意技をもて、4．できるだけ上手に他人を使え、5．自分自身を大好きになれ、6．とてつもない大きな夢をもて、7．ひたすら願え、8．しつこく、しがみつけ、9．感謝しろ…と書いてあります。ちなみに、九カ条では数が中途半端だと思った私が「なぜ、あと一つひねり出して十カ条にしなかったんですか？」と素朴な疑問を投げかけたところ、先生は「…思いつかなかったんだよ、ぐふふ」と不敵に笑っていました。

大学院を卒業し、谷口先生が主催する自立生活問題研究所では、当初は介助者として、3年目くらいからは共同研究者として約7年間働きました。研究所で働いた期間は、ただただ気楽で、自由で、楽しい時間でした。介助者としては、谷口先生のやりたいことを手伝うことに徹していたので、例えば、駅員さんに「どちらに行かれますか？」と聞かれても、先生に目を落として「この人に聞いてください」と答えていました。また、共同研究者といっても「武田の責任はオレが取る」という先生の言葉に甘えて、本当に自由にやらせていただきました。私は先生の弟子ですが、介助以外の場面では特に指示には従わないので、先生には「不自由な右腕」

と言われていました。

その後、私が現職の華頂短期大学に転職して所属が変わってからは、京都府をはじめとする公的な仕事がやりやすくなりました。「学識枠」が二人とも同じ所属よりも、研究所所長と大学教員のほうが見栄えが良かったからです。例えば、京都府の会議では、比較的規模の大きな会議は谷口先生、小さな会議は私が参画し、障害者福祉の研修会でも、相談支援専門員研修の統括は谷口先生、サービス管理責任者等研修の統括は私が勤めるようになりました。24時間365日を網羅したサービス等利用計画と、その計画に配置されたサービスごとに作成される個別支援計画の連動を、恐らくどの都道府県よりも意図した研修をつくることができたのも、そんな背景があったからだと思います。

都道府県レベルの会議や研修会講師に障害当事者が普通に参画することを実践してみせたことも、谷口先生の大きな功績であったと思います。もし間違っていたら先生に対して失礼なことになってしまうのですが、私が研究所で働き始めた頃は、いろいろなところに呼ばれて講演をする際に「関西学院大学等でも講義をしている」と自己紹介をしていたと記憶しています。無意識に自分を大きく見せようとしていたのかもしれません。先生は、コンプレックスや自負、プライドを人一倍もっていた人だと思います。コンプレックスを原動力に、自負を口にして自分を励まし、プライドに見合う努力をして、谷口先生は、委員会の委員や研修講師のできる障害当事者として、唯一無二の存在になったのだと思います。

最後に、谷口先生の考えていた自立の本質とは何かについてですが、それは「自分の人生を、自分のやりたいように、自分自身で生きる」ということ、つまり「夢を叶えること」だと思います。まさに、谷口先生自身がそうしてきたように…です。

研究所で働いてまだ1年目の頃、先生の車いすを押して、青森県にある身体障害者療護施設（当時）に行ったことがあります。先生は前年にもその施設を訪れて、入所者に向けて「夢を実現させるための九カ条」の話をして、今回は、入所者に加えて保護者に向けて「障害者の素敵な親になるために」という講演も予定していました。施設に着くと、電動車いすに乗った一人の青年が玄関で先生を待ち構えていました。一年前に先生の話を聞いて勇気づけられた入所者の一人です。青年は我々に駆け寄り、挨拶もそこそこに「せっ、先生、ぼく、リハビリ頑張って、3歩あるけるようになりました！」と報告しました。それを受けた先生の衝撃の一言は今でも忘れられません。

「お前、3歩あるいてどこ行くつもりだ」

先生は、青年の努力を無視したわけではありません。むしろ、その青年が3歩あるくことがどれだけ大変なことかを誰よりも、身をもって理解していたと思います。それでも先生は「それがあなたの夢なのか？」と問わずにはいられなかったし、青年の夢が叶うことを願わずにはいられなかったのだと思います。先生が障害をもつ後輩たちに話すとき、その人と同じ方向を見て「さあ、行こう」と言っているように私は常に感じていました。

ここまで、思いつくままに谷口先生の魅力について書いてきました。先生と出会ってから30年以上が経ちました。先生を通じて、とても多くの人と出会い、そのお付き合いはまだまだ広がりつつあります。ここに書き切れないこと、とても活字にはできないことも含め、この続きは、またどこかでお会いした時にさせてください。谷口先生の魅力が少しでも伝わり、障害者も支援者も、夢を叶えながら、誰もが一度しかないかけがえのない人生を生きていくことを心よりお祈りしています。きっと谷口先生も。

おわりに

障害と共に生き、社会を変えたいと生きた谷口さん

２０１６年１月24日、谷口さんの急逝を知らせる電話から始まったこの伝記の執筆も、まもなく終わろうとしています。

九州から北海道そしてアメリカまで谷口さんの足跡を追いました。谷口さんがいらっしゃった場所に立ち、縁の深かった皆さんにインタビューさせていただき、谷口さんの想いをより身近に感じることができました。

協力していただいた皆さんのインタビュー録音を聞き直し、その思いを文字に起こす作業は、谷口さんの人生の断片を繋ぎ合わせるワクワクする時間でした。今まで知らなかった谷口さんが、インタビューの中で生き生きと会話されていました。皆さん谷口さんのものまねが上手で、谷口さんとそっくりな話し方で「こんなことを言っていた」と、会話をそのまま伝えてくださいました。

なかでも、家族同様に谷口さんに寄り添って活動を支えた、研究所の元研究員や研究助手の皆さんからは、谷口さんの仕事と生活について、さまざまな角度からの話を聞くことができました。「谷口さんのことを語ることは、ご自身の人生を語ることなのだ」と気がつきました。谷口さんの人生を共有させていただく、貴重な時間となりました。

谷口さんの生きた証を残したいと始めたインタビューによって、今まで知らなかった谷口さんの足跡と思いを知ることができました。谷口さんは、いろいろなことができないことを「障害のせいで、できない」と思わず、「どうしたらできるようになるか」を考え、その目標達成のために努力していました。

夢をもって、それを叶えるために取り組む姿は、障害があってもなくても同じです。谷口さんはたくさんの出会いを大切にして、夢に向かってチャレンジしていました。人として当たり前のことは、障害があっても当たり前にできることを実証して、見せてくれました。そして、その生き方を社会に発信して、障害のある人が誰でも同じように、夢をもって生きられる社会をつくるために、全力疾走していたのです。

障害者差別の壁が高くてもあきらめることなく、逆転の発想で「夢を実現させるための九カ条」を自ら実践した谷口さん。谷口さんが好きだった「出会いは人生にパワーを与える」という言葉のように、この本が谷口さんと読者の皆さんの、新たな出会いとなり、皆さんが夢をもって、その夢の実現へ一歩を踏み出していただけたら幸いです。

愛知淑徳大学の教え子である浅井枝里奈さんは「谷口先生は亡くなっても、まだ誰かと誰かをくっつけようとしている。まだまだ教えようとしている」と話してくださいましたが、まさにその通りでした。谷口さんは私に、インタビューに協力してくださった46人の皆さんとの新たな縁を与えてくださっただけでなく、30年にわたる、すてっぷの活動を振り返り、もう一歩広い世界に向かって、新たな活動に踏み出すチャンスをくださいました。

インタビューでたくさんのお話を伺い、そのお一人おひとりの胸に生きる谷口さんを、読者の皆さんにお伝えしたい。その一心で、ここまできました。もし、谷口さんがもっと生きて高齢期を迎えたならば、きっとおもしろい自叙伝を書かれたことでしょう。そして、「ここ違うよ」というところがあるかもしれません。皆さんのご協力により集めることができた谷口さんの写真が、私の拙い文を補ってくれることでしょう。谷口さんの人生の何分の一でも、皆さんにお届けできたら幸いです。

「全ての人の胸に夢を」

この谷口さんのメッセージが、皆さんに届くことを願っています。

お忙しい中、突然のご連絡にもかかわらず、インタビューを受けていただいた皆さんに、心から感謝申し上げます。

この伝記を書くにあたり、谷口さんの一番弟子と言われる武田康晴さんには、事前調査の段階からたいへんお世話になりました。これだけたくさんの皆さんにご協力いただけたのは、武田さんからのご紹介があったからです。

谷口みずほさんには、京都に行くたびにあたたかくご自宅に招いていただき、思い出の写真や資料を提供していただきました。ご協力に心より感謝申し上げます。

自立生活問題研究所の研究助手として谷口さんを支え続けてきた岡本卓也さんには、インタビュー協力者のご紹介と貴重な資料の提供を、元研究員の徳竹健太郎さんにはたくさんの写真の提供をしていただきました。お礼申し上げます。

アメリカ取材にあたり、谷口さんのロサンゼルス研修ツアーのサポートをされていた、通訳コーディネーターのフランク小山さんには、取材先のコーディネイトから現地での車の運転、インタビューの通訳までたいへんお世話になりました。

ジャーナリズムのイロハも知らない私が、伝記を書き上げることができたのは、ひとえに、指導教員大熊由紀子教授の先輩ジャーナリストとしての親身なアドバイスと、「タコさん、のびのび書いてね」という励ましのおかげです。本にすることをめざした原稿執筆のヒントをくださった丸木一成教授、論文の手ほどき「はに～ゼミ」を開いてくださった埴岡健一教授、副指導教員の水巻中正教授からは、貴重なご助言をいただきました。心より感謝申し上げます。

クリエイツかもがわの田島英二さんには、4年にわたり忍耐強く伴走していただきました。ありがとうございました。

最後に、大学院で学びたいという思いを受け止め、アメリカ取材にも同行し、伝記執筆に全面的に協力してくれた夫に、心から「ありがとう」と伝えたいと思います。

鈴木隆子

2023年1月

〈参考文献〉

『自立へのはばたき―障害者リーダー 留学研修派遣報告1982』
『アクセス食マップイン・京都』谷口明広（障害者自立生活問題研究所、1991年）
『自立生活は楽しく具体的に―障害をもつ人たちの「個人別プログラム計画」』谷口明広・武田康晴（かもがわ出版、1994年）
『福祉ボランティア―はじめて活動するあなたへ 活動で悩んでいるあなたへ』小山隆・谷口明広・石田易司編著（朱鷺書房、1995年）
『障害をもつ人たちの性―性のノーマライゼーションをめざして』谷口明広（明石書店、1998年）
『障害をもつ人たちの自立生活とケアマネジメント―ＩＬ概念とエンパワメントの視点から』谷口明広（ミネルヴァ書房、2005年）
『障害のある人の支援計画―望む暮らしを実現する個別支援計画の作成と運用』谷口明広・小川喜道・小田島明・武田康晴・若山浩彦（中央法規出版、2015年）
『社会福祉実践の思想』大塚達雄・阿部志郎・秋山智久編（ミネルヴァ書房、1989年）
『「寝たきり老人」のいる国いない国―真の豊かさへの挑戦』大熊由紀子（ぶどう社、1990年）
『クローさんの愉快な苦労話―デンマーク式自立生活は、こうして誕生した』エーバルド・クロー（片岡豊訳・大熊由紀子監修）（ぶどう社、1994年）
『「ノーマリゼーションの父」Ｎ・Ｅ・バンク－ミケルセン―その生涯と思想』花村春樹（ミネルヴァ書房、1994年）
『障害福祉の父 糸賀一雄の思想と生涯』京極髙宣（ミネルヴァ書房、2014年）
『障害者の機会均等と自立生活 定藤丈弘 その福祉の世界』北野誠一・石田易司・大熊由紀子・里見賢治編（明石書店、1999年）
『よくわかる障害学』小川喜道・杉野昭博編著（ミネルヴァ書房、2014年）
『障害者はどう生きてきたか―戦前・戦後障害者運動史』杉本章（現代書館、2008年）
『自立生活運動史―社会変革の戦略と戦術』中西正司（現代書館、2014年）
『障害者運動のバトンをつなぐ―いま、あらためて地域で生きていくために』尾上浩二・熊谷晋一郎・大野更紗・小泉浩子・矢吹文敏・渡邉琢（生活書院、2016年）
『自立生活運動と障害文化―当事者からの福祉論』全国自立センター協議会編（現代書館、2001年）
『障害者の権利の擁護とさらなる社会参加の促進のために―ノーマライゼーションのこれまでとこれから』保健福祉広報協会編著（保健福祉広報協会、2017年）

谷口明広　活動の記録（敬称略）

2022年12月24日

年	年齢（歳）	谷口明広の歩み	著書・研究実績	福祉制度・障害者運動
1949（S24）				「身体障害者福祉法」公布
1956（S31）	0	5／10　京都市で出生 重症黄疸により脳性麻痺となる		
1957（S32）	1			
1958（S33）	2			国民健康保険法」公布
1959（S34）	3			「国民年金法」交付 デンマーク「精神遅滞者ケア法」ノーマライゼーション理念の誕生
1960（S35）	4	弟の理が誕生		「精神薄弱者福祉法」「身体障害者雇用促進法」公布
1961（S36）	5	脚の手術のため石川県の山中病院入院		障害福祉年金支給開始 3歳児健診開始
1962（S37）	6			エド・ロバーツ　カリフォルニア州立大学バークレー校に入学
1963（S38）	7			脳性麻痺の当事者団体「青い芝の会」結成 老人福祉法：家庭奉仕員派遣事業明文化
1964（S39）	8	大阪府立堺養護学校小学部入学 大阪府堺市に転居		「重度精神薄弱児扶養手当法」公布 アメリカ「公民権法」制定
1965（S40）	9			「理学療法士法、作業療法士法」施行
1966（S41）	10			

1967（S42）	11			
1968（S43）	12			
1969（S44）	13			
1970（S45）	14	大阪府立堺養護学校中等部入学		「心身障害者対策基本法」施行
1971（S46）	15			国連「精神薄弱（知的障害）者の権利宣言」採択
1972（S47）	16			バークレー自立生活センター（CIL）誕生 児童手当制度発足 「教育基本法・学校教育法（養護学校を規定）」施行
1973（S48）	17	大阪府立堺養護学校高等部入学		アメリカ「障害者差別撤廃法（リハビリテーション法504項）」制定
1974（S49）	18			東京都「重度脳性マヒ者介護人派遣事業」（後の全身性障害者介護人派遣事業）開始
1975（S50）	19	大学受験にあたって、電動タイプライターを使って受験 同志社大学受験について大塚先生に相談		国連「障害者の権利に関する宣言」採択 アメリカ『全障害者教育法』制定
1976（S51）	20	桃山学院大学社会学部社会学科入学		
1977（S52）	21			
1978（S53）	22	進路相談で大学院進学を決める		
1979（S54）	23			養護学校義務制化実施
1980（S55）	24	同志社大学大学院文学研究科社会福祉学専攻修士課程聴講生		

1981（S56）	25	同志社大学大学院文学研究科社会福祉学専攻修士課程に入学		「国際障害者年」（完全参加と平等）スタート 障害者インターナショナル（DPI）結成 「広げよう愛の輪運動基金」ミスタードーナツ障害者リーダー米国留学派遣事業開始
1982（S57）	26	8／12　障害者リーダー米国留学研修に派遣、バークレーCILで研修	研修報告『自立への羽ばたき』	エド・ロバーツ＆ジュディ・ヒューマン「国際障害研究所：WID設立」
1983（S58）	27			国連障害者の10年スタート（～1992年） 日米障害者自立生活セミナー開催
1984（S59）	28	同志社大学大学院文学研究科社会福祉学専攻修士課程修了（修士号取得） 1人暮らし開始	修士論文『重度身体障害者の自立生活に関する一考察』	「身体障害者福祉法」改正
1985（S60）	29	障害者自立生活問題研究所設立、主任研究員		
1986（S61）	30	障害者自立生活問題研究所長に就任 総合リハビリテーション研究学会（小川喜道と出会う）	『重度障害者の自立生活―日本的自立生活援助センターについての研究』研究代表者 トヨタ財団助成研究報告書	ヒューマンケア協会設立 障害者基礎年金制度開始・特別障害者手当制度創設 DPI日本会議発足
1987（S62）	31	大阪府立大学非常勤講師就任（～2001） 桃山学院大学非常勤講師就任（～1995） 京都ボランティア協会運営員（～1994．5）		東京都　介護人派遣事業改正 デンマーク「生活支援法、パーソナルアシスタント制度」制定

1988（S63）	32	同志社大学大学院文学研究科社会福祉専攻博士後期課程入学 関西学院大学非常勤講師就任	『重度身体障害者の日本的自立生活概念と自立生活』日本福祉学会【編】	厚生省「高齢者保健福祉推進10箇年戦略（ゴールドプラン）」発表
1989（H1）	33		『重度障害者の在宅ケアにおけるネットワークの基本構想―カリフォルニア州バークレー市の現状を基本にして』共同研究 『スウェーデンにおける障害者の自立生活―消費者の視点からのアテンダントケアを中心にして』共同研究（小川喜道・久保美紀）	手話通訳士試験開始
1990（H2）	34	NHK大阪『ともに生きる』番組評議委員 アメリカ合衆国の福祉実情調査。（小川喜道・鈴木典夫・上田みずほ参加） 京都新聞社会福祉事業団『車いす 自立への旅』参加開始（～2002．2）		アメリカ「障害のあるアメリカ人法（ADA）」制定 社会福祉関係8法改正（91年施行）
1991（H3）	35	同志社大学文学研究科社会福祉学専攻博士後期課程単位取得	『アクセスマップイン京都』発行（トヨタ財団助成）分担執筆	「老人保健法」改正 全国自立生活センター協議会（J－L）発足
1992（H4）	36	3／18「とっておきの芸術祭」のパネラー（すてっぷ鈴木・坂柳・今野と出会う）		
1993（H5）	37	上田みずほさんと結婚 京都新聞社会福祉事業団「自立生活教室」開催 国際社会福祉センター非常勤講師就任 ㈱アロハセブン 障害者旅行あおぞらツアー顧問（～2000．5） ㈳京都ボランティア協会理事就任（～2000．5）		国連「障害者の機会均等化に関する基準規則」採択 「障害者基本法」公布

1994（H6）	38	滋賀文化短期大学非常勤講師就任（〜1998） （財）京都新聞社会福祉事業団エージェント就任（〜2001．3） 京都新聞社会福祉事業団「自立生活技術教室」開催	『自立生活は楽しく具体的に』（共著武田康晴）出版 『介助者は僕自身』第13回わたぼうし文学賞銀賞受賞	子どもの権利条約批准 「ハートビル法（高齢者、身体障害者等が円滑に利用できる特定建築物の建築の促進に関する法律）」公布
1995（H7）	39	京都新聞社会福祉賞奨励賞受賞 （医）茂桂会 上田外科医院 監事就任（〜2016．1）	『コミュニティケアを超えて』S．レイモン編（評者：谷口明広）日本生命済生会社会事業局【編】 『福祉ボランティア』分担執筆	3月エド・ロバーツ永眠 ノルウェーが全ての知的障害者施設を閉鎖 「新ゴールドプラン」策定 「ピープルファースト話し合う会」東京結成
1996（H8）	40	自立生活問題研究所（名称変更） 大阪市立大学非常勤講師就任（〜2000）	『障害をもつ人たちの現代結婚事情』月刊ノーマライゼーション障害者の福祉10月号・第16巻	障害者プラン「ノーマライゼーション7箇年戦略」
1997（H9）	41	厚生省　障害者介護等サービス体制整備検討委員会身体障害部会委員就任	『京都・障害をもつ人たちの素敵な親になるための講座』月刊ノーマライゼーション障害者の福祉7月号・第17巻	児童福祉法改正（措置から利用申請方式へ） 日米自立生活セミナー（札幌・大阪・東京）開催
1998（H10）	42	㈱阪神航空障害者旅行『ゆめ王国ツアー』専門アドバイザー（〜2016．1） 日本ボランティア学会運営委員 京都新聞社会福祉事業団『障害のある人の海釣り体験講座』（〜現在）	『障害を持つ人たちの性』（共著）出版 『京都へ、おこしやす』月刊ノーマライゼーション障害者の福祉2月号・第17巻	特定非営利活動促進法（NPO法）成立 東京都全身性障害者介護人派遣制度が国のホームヘルプ制度に組み込まれる 厚生省「社会福祉の基礎構造改革について」発表

年	年齢	事項	著作等	社会の動き
1999（H11）	43	長女あずみ誕生 社会福祉法人「すてっぷ」理事就任 厚生省障害者ケアマネジメント体制整備・障害者ケアマネージャー養成指導者研修検討委員就任	『リレー・車いすから眺めれば—アクセス権の補償をめぐって』全国鉄道傷病者団体連合会	「精神薄弱」が「知的障害」に名称変更される 障害者のケアマネジメント全国研修制度開始 「ダスキン・アジア太平洋障害者リーダー育成事業」開始
2000（H12）	44	厚生省介助犬に関する検討委員（〜2002） 『㈶広げよう愛の輪運動基金』評議員就任 市町村障害者生活支援事業「きらリンク」非常勤事務局長就任		「介護保険法」施行 「精神保健福祉法（精神保健法の改正）」施行 「交通バリアフリー法」施行
2001（H13）	45	（福）西陣会 京都市民福祉センター評議員（〜2005） 京都市障害者生活支援事業連絡協議会理事長	『エンパワメント、セルフケアマネジメント、自己決定』ケアマネージャー2001．11	
2002（H14）	46	長男拓海誕生 厚生労働省相談支援事業等のあり方に関する検討委員会委員 （財）広げよう愛の輪運動基金 ダスキン障害者リーダー育成海外研修派遣事業実行委員会委員就任	シンポジウム『21世紀の社会福祉実践を展望する』第9回社団法人日本社会福祉会全国大会 『障害当事者・仲間によるケアマネジメントの特徴と課題』介護支援専門員Vol.4.No.5 『本人の希望通り養護学校へ入学するための支援　前編・後編』月刊ケアマネジメント2002．11	「身体障害者補助犬法」公布 厚生労働省「少子化対策プラン」発表
2003（H15）	47	有限会社自立生活問題研究所設立代表取締役就任 「京都シティグラフ2003」京に吹く風に紹介される		「障害者支援費制度」開始（措置から契約へ）

2003（H15）	47	京都地方障害者施策推進協議会委員就任 厚生労働省障害者（児）の地域生活支援のあり方に関する検討委員会委員（～2004） 奈良県障害者施策推進協議会専門委員（～2005） 厚生労働省介助犬訓練者研修カリキュラム検討会委員 厚生労働省障害者ケアマネジメント従事者上級者研修運営検討会委員	『障害者（児）の地域生活の在り方に関する研究』厚生労働科学研究	厚生労働省、支援費制度予算50億円不足と発表
2004（H16）	48	愛知淑徳大学福祉貢献学部社会福祉専攻教授に就任 京都府参与 障害者自立支援計画（アクションプラン）担当就任 厚生労働省障害者ケアマネジメント従事者指導者養成研修運営検討委員会委員 厚生労働省障害者ケアマネジメント従事者上級者研修運営検討会委員 京都市北部障害者生活支援センター『きらリンク』西陣会の運営に	『障害者のエンパワメントの視点と生活モデルに基づく具体的な地域生活援助技術に関する研究』厚生労働科学研究 『障害をもつ人たちが専門家に望む性生活支援―当事者はどのような支援を求めているのか』作業療法ジャーナル別冊 Vol.38 No.10 三輪書店	「障害者基本法」の改訂 厚労省「障害保健福祉改革のグランドデザイン案」公表 ピープルファーストジャパン設立 日本障害フォーラム（JDF）設立 「発達障害者支援法」成立
2005（H17）	49	社会福祉学博士（同志社大学）取得 学位論文『障害を持つ人たちの自立生活とケアマネジメント』	『障害を持つ人たちの自立生活とケアマネジメント』出版 『地域づくりと関連した効果的な地域生活支援サービス体制の在り方と『地域力』の再構築に関する研究』厚生労働科学研究 『知的障害を持つ人たちのためのピアカウンセリング』日本知的障害者福祉協会【編】 Japan association on Intellectual Disability 第49巻4号	「障害者自立支援法」成立

2005（H17）	49	厚生労働省障害者ケアマネジメント従事者上級者研修運営検討会委員 （福）いちもく会（旭川市）顧問就任	『利用者から見た障害者ケアマネジメント』地域ケアリングVol.1.No.1 『障害者・児の自立支援と教育におけるインクルージョン的実践』ソーシャルワーク研究所【編】1巻1号 『障害当事者活動と社会リハビリテーションの関係性—自立生活概念の影響とリハビリテーション批判を中心に』リハビリテーション研究／日本障害者リハビリテーション協会174号	
2006（H18）	50	厚生労働省相談支援従事者指導者養成研修運営検討委員会委員 京都府指定管理者制度選考委員会委員長就任 京都府障害者介護給付費等不服審査会委員長就任 京都市中部障害者地域生活支援センター「にしじん」運営委員長兼ピアカウンセラー就任	『地域移行を推進していく施設内個人別プログラムの構築と入所施設利用者および施設職員のホスピタリズム改善に関する研究』厚生労働科学研究	「障害者自立支援法」全面施行 国連総会「障害者権利条約」採択 「障害者差別をなくす千葉県条例」成立、以降各地で条例づくりが広がる
2007（H19）	51	厚生労働省相談支援従事者指導者養成研修運営検討会委員 愛知県障害者相談支援事業等特別アドバイザー（スーパーバイザー）就任 香川県障害者相談支援事業等特別アドバイザー就任	『ライフステージを包括する地域生活支援システムの構築を目指す相談支援事業の在り方と自立支援協議会の機能に関する研究』厚生労働科学研究	日本政府、国連障害者権利条約に署名

2008（H20）	52	宮崎県障害者相談支援事業等特別アドバイザー就任 京都府障害者相談支援事業等特別アドバイザー就任 京都府「ほっとはあと製品」応援事業プロジェクトチーム 工賃倍増5か年計画委員会委員就任 10．ロサンゼルス調査研究旅行	『ケアマネ養成課程における連携教育の障害者分野の実践と課題』日本障害者リハビリテーション協会47巻4号 『障害者ケアマネジメントの現状と課題―利用者サイドから見た問題点を中心に』地域リハビリテーション 第3巻 第5号	
2009（H21）	53	3．『谷口明広と行くロサンゼルス視察研修ツアー』を開催。 戸山サンライズ「個別支援」の作成および運用に関する研修会開始（～現在） 京都府身体拘束防止推進会議障害部会会長		政権交代、障がい者制度改革推進本部設置
2010（H22）	54	8／8～14ダスキン・ジュニアリーダー海外研修派遣（ロサンゼルス） 8／17戸山サンライズ個別支援計画研修検討委員会 8／21～22「みんなで海釣り」体験講座 8／23～10．23体調不良で緊急入院	『障害をもつ人たちの性を取り巻く今日的課題と支援方法』作業療法ジャーナル23巻1号 『障害者自立支援法におけるマネジメント』総合リハ38巻6号	障害当事者、家族が過半数を占める障がい者制度改革推進会議発足 「改正障害者自立支援法（つなぎ法）」成立
2011（H23）	55		『障害のある人の尊厳を重んじた支援を目指して―身体拘束・行動制限の廃止への手引き』京都府身体拘束防止推進会議障害者部会 『慢性疾患を持つ子どもたちの生活の自立と将来計画』小児内科Vol.43 No.9	「改正障害者基本法」 「障害者虐待防止法」制定 （2012．4施行）

2011（H23）	55		『障害のある人たちにとっての個別支援計画』戸山サンライズ2011春号 全国身体障害者総合福祉センター	
2012（H24）	56	障害のある人もない人も共に安心していきいきと暮らせる京都づくり条例（仮称）検討会議座長代理 『ゆめ王国谷口明広と行くロサンゼルス視察研修ツアー』 ロサンゼルス調査研究旅行	『SEMINAR自立生活運動と権利』日本知的障害者福祉協会【編】Japan association on Intellectual Disability第49巻4号	「障害者の日常生活および社会生活を総合的に支援するための法律（障害者総合支援法）」制定
2013（H25）	57	ダスキン障害者リーダー知的障害者グループ研修旅行 『ゆめ王国谷口明広と行くロサンゼルス視察研修ツアー』	『エンパワメントの視点と人権』社会福祉・試験センターNo.1	障害者総合支援法施行 「障害を理由とする差別解消の推進に関する法律」制定
2014（H26）	58	エド・リンチ来日 ロサンゼルス調査協力機関訪問旅行 一燈園の秋の集いで講演	『障害者権利条約未批准国アメリカの障害者福祉の現状について』日本知的障害者福祉協会【編】Japan association on Intellectual Disability第49巻4号	日本政府　障害者権利条約批准（2月19日発効）
2015（H27）	59	京都府障害者相談等調整委員会会長 11／2～6ロサンゼルス視察旅行	『障害のある人の支援計画』（共著）出版 『慢性疾患を持つ子どもの自尊感情・社会性を高めるための方策』日医雑誌第143巻第10号	
2016（H28）	60	1／24逝去		「障害者差別解消法」施行

著者プロフィール

鈴木隆子（すずき たかこ）

社会福祉法人すてっぷ創設者・前理事長。一般社団法人あったらいいなをカタチに代表理事

1953年　群馬県生まれ。群馬大学教育学部卒業。
1981年　難病で障害のある長男を授かる。
1986年　長男が4歳で他界した後、ボランティア活動を開始。おもちゃの図書館『きしゃぽっぽ』を開設。
1991年　レスパイトサービスや障害児者の余暇活動支援サービスを提供する福祉団体『OPEN HOUSEすてっぷ』を開設。
1996年　座位保持装置製造販売『㈲サンサンすてっぷ』設立、代表取締役就任。
1999年　すてっぷを法人化し『社会福祉法人すてっぷ』設立、常務理事に就任。
2000年　身体障害者授産施設『わーくはうすすてっぷ』開設、施設長に就任。
　ノーマライゼイションをめざして、障害のある人が「ふつうに暮らす」「ふつうに働く」「ふつうに楽しむ」ために、13の障害福祉サービス事業を展開。
2017年　社会福祉法人すてっぷ」理事長就任。
2018年　国際医療福祉大学大学院医療福祉ジャーナリズム分野修士課程入学。
2021年　国際医療福祉大学大学院医療福祉ジャーナリズム分野博士課程入学。
　『社会福祉法人すてっぷ』理事長退任。
　『一般社団法人あったらいいなをカタチに』設立、代表理事に就任。
2022年　『あかぎ山ろくサードプレイス（ATP)』を開設。

〈連絡先〉
一般社団法人あったらいいなをカタチに　代表理事　鈴木隆子
atp@attaraiina2022.net　https://www.instagram.com/attaraiina.2022

障害があるからおもろかった
車いすに乗った谷口明広ものがたり

2023年5月10日　初版発行

著　者●ⓒ鈴木隆子
発行者●田島英二　info@creates-k.co.jp
発行所●株式会社 クリエイツかもがわ
〒601-8382　京都市南区吉祥院石原上川原町21
電話 075(661)5741　FAX 075(693)6605
https://www.creates-k.co.jp
郵便振替　00990-7-150584
デザイン●菅田　亮
印 刷 所●モリモト印刷株式会社
ISBN978-4-86342-349-7　C0036　printed in japan

好評既刊本

定価表示

現代のラディカル・ソーシャルワーク　岐路に立つソーシャルワーク

マイケル・ラバレット／編
深谷弘和・石倉康次・岡部茜・中野加奈子・阿部敦／監訳

豊かな生活の展望と人間社会の確立を展望するには、ラディカルな政治思想と活動に根ざしたソーシャルワークが求められている。ソーシャルワーカーとは、その専門性とは何かを繰り返し問いかけ、多様な視点から徹底的に批判的検討。　2640円

ごちゃまぜで社会は変えられる　地域づくりとビジネスの話

一般社団法人えんがお代表　濱野将行／著

作業療法士が全世代が活躍するごちゃまぜのまちをビジネスにしていく物語。地域サロン、コワーキングスペース、シェアハウス、地域食堂、グループホーム。 徒歩2分圏内に6軒の空き家を活用して挑んだ、全世代が活躍する街をビジネスで作る話。　1980円

当事者主動サービスで学ぶピアサポート

飯野雄治・ピアスタッフネットワーク／訳・編

ピアサポートを体系的に学ぶプログラム。科学的根拠に基づく実践プログラム（EBP）。アメリカ合衆国の厚生労働省・精神障害部局（SAMHA）が作成したプログラムを日本の制度や現状に沿うよう加筆・編集。障害福祉サービスはもちろん、当時社会や家族会をはじめとした、支え会活動すべての運営に活用できます。　3300円

生活困窮者自立支援も「静岡方式」で行こう!! 2

相互扶助の社会をつくる

津富宏＋ NPO 法人青少年就労支援ネットワーク静岡／編著

「困りごと」がつくり出すまちおこし――すべての人が脆弱性を抱える社会を生き抜くために、地域を編み直し、創り直すことで、地域が解決者になるための運動だった！

2200円

犯罪を起こした知的障がい者の就労と自立支援

瀧川賢司／著

就労の促進要因の追究で、新たな知見を得た論究、直接インタビューや自由記述から、犯罪を起こしたことを特別視せず、働く能力を重視し、就労の喜びを発見、成長＝自立支援。障がい者を受け入れる産業界で働いた経験、障がい者施設に勤務する立場から産業、福祉両業界との連携を斬新な視点で提起。　2860円

子ども・若者ケアラーの声からはじまる　ヤングケアラー支援の課題

斎藤真緒・濱島淑恵・松本理沙、公益財団法人京都市ユースサービス協会／編

事例検討会で明らかになった当事者の声。子ども・若者ケアラーによる生きた経験の多様性、その価値と困難とは何か。必要な情報やサポートを確実に得られる社会への転換を、現状と課題、実態調査から研究者、支援者らとともに考察する。　2200円